Rebecca May
Pisa

BUR

Oscar Wilde

L'importanza di chiamarsi Ernesto

introduzione, traduzione e note di LUIGI LUNARI

testo inglese a fronte

Biblioteca Universale Rizzoli

ISBN 88-17-16749-5

Titolo originale dell'opera:
THE IMPORTANCE OF BEING EARNEST

prima edizione: gennaio 1990

Il testo inglese a fronte riproduce l'edizione curata da Robert Wilson, Longman, London 1983[7].

OSCAR WILDE E LA SUA COMMEDIA PIÙ BELLA

LA VITA

Oscar Wilde — ovvero, più compiutamente, Oscar Fingall O'Flahertie Wills Wilde — nasce a Dublino il 16 ottobre del 1854, secondo figlio di sir William Robert Wilde, noto oculista con il gusto della letteratura e il culto dell'Irlanda antica, autore tra l'altro di un acuto volumetto sulle *Superstizioni popolari irlandesi*, e Jane Francesca Elgee, paladina di quel rinascimento celtico che rivendicava l'indipendenza dell'Irlanda dall'Inghilterra e al quale essa dedicò ardenti poesie con lo pseudonimo di Speranza. Il piccolo Oscar frequentò la Portora Royal School di Enniskillen (vicino a Dublino), e al seguito della madre trascorse le prime vacanze in Francia (e vi scrisse una delle sue prime poesie, dedicata alla morte della sorellina Isola Francesca Emily, nel febbraio del 1867). A scuola dimostrò subito una propria spiccata personalità, fatta di vivace intelligenza, pronta capacità di assimilazione e di imitazione letteraria, non senza il gusto dell'esibizione e del protagonismo. Nel 1871 si iscrive al Trinity College, nel 1874 vince una borsa di studio per il Magdalen College di Oxford, dove si laurea nel 1878 in lettere classiche con il massimo dei voti.

Nel 1879 si stabilisce a Londra, dove traduce in pose stravaganti e in eccentricità di abbigliamento una certa concezione estetica vagamente ispirata a Ruskin e a Pa-

ter, fatta di preraffaellitismo, di decadentismo e di preziosismo alla francese. Il tutto gli dà una notorietà oggettivamente superiore ai propri meriti letterari: le vignette in cui il noto settimanale umoristico «Punch» lo prende in giro valgono pubblicitariamente di più delle poesie che viene pubblicando su «Times» e su «The World», e altrettanto può dirsi — rispetto alla sua prima raccolta di versi: *Poems* (1881) — dell'operetta *Patience* in cui Gilbert e Sullivan lo prendevano di mira in una satira sull'estetismo. Nel 1882 *Patience* va in tournée negli Stati Uniti, e Wilde ha la buona idea di accodarvisi con un giro di conferenze che hanno un grande successo: Wilde divulga le proprie concezioni dell'arte e della vita con straordinaria efficacia; poco importano la loro vacuità critica e la loro debolezza concettuale, molto più conta la preziosa veste con cui le confeziona, fatta di preziosismo verbale, di accostamenti inconsueti, di apparenti profondità. È in questo periodo che maturano — principalmente — i saggi che pubblicherà poi nel 1891, con il titolo *Intenzioni*, e in cui si raccolgono le definizioni più precise del proprio pensiero; la superiorità dell'arte sulla vita, la bellezza e l'arte sentite come costruzioni autonome dell'intelligenza e del gusto, e — soprattutto — come un mondo in cui si risolvono armonicamente tutte le contraddizioni, le lotte, i turbamenti che alterano e offuscano la realtà concreta. La vita è concepita come un'imitazione degli ideali estetici che il poeta ha messo a fuoco con la sua fuga dalla realtà: il poeta «ritorna» dunque alla vita creandola a immagine di quelli, e non ha altro scopo che la ricerca di quell'identico e perfetto piacere che la contemplazione estetica gli procura. Abbastanza contraddittoriamente, la vita quotidiana è l'«opera» per eccellenza del poeta: «Tutto il mio genio l'ho messo nella vita;» scriverà Oscar Wilde «nelle mie opere ho messo soltanto il talento».

Nel 1883 Wilde si trasferisce a Parigi dove scrive due drammi nello stile di Victor Hugo e di Sardou (*Vera o I*

nichilisti, e *La duchessa di Padova*, e l'anno seguente — il 29 maggio — sposa Constance Lloyd: irlandese, di famiglia amica della sua, nata nel 1858, un metro e ottanta d'altezza, dai vasti interessi culturali e artistici, in grado di leggere Dante in italiano. Tra il 1883 e il 1891 si colloca il periodo più tranquillo della sua vita: nell'85 si stabilisce a Londra, dove nascono i due figli: Cyril (5 giugno 1885) e Vyvyan (3 novembre 1886). Al 1886 risalgono i più belli tra i suoi racconti, nel 1888 esce la prima raccolta di fiabe *Il principe felice*, nel giugno del '90 il «Lippincott's Monthly Magazine» pubblica *Il ritratto di Dorian Gray*, che l'anno seguente uscirà in volume nella sua veste definitiva. Ancora al 1886 risale la sua conoscenza con Robert Ross e — a quanto scrisse questi più tardi — daterebbero da questa occasione le sue prime esperienze omosessuali.

Il 1891 è un anno cruciale: oltre al *Ritratto di Dorian Gray*, Wilde pubblica il saggio *L'anima dell'uomo sotto il socialismo*, i citati saggi di *Intenzioni*, due raccolte di racconti (*Il delitto di Lord Arthur Savile*) e di fiabe (*La casa dei melograni*). Per quello che riguarda il teatro, mentre *La duchessa di Padova* cade a New York, egli scrive la sua prima commedia (*Il ventaglio di Lady Windermere*) e — in francese — l'atto unico di *Salomè*. Anno cruciale, abbiamo detto: a quello che appare il suo periodo più tranquillo, segue quello che è certo il suo periodo di maggior successo. Nel febbraio del 1892, al St. James Theatre di Londra trionfa *Il ventaglio di Lady Windermere*; Wilde scrive *Una donna senza importanza*, che ottiene un identico esito all'Haymarket Theatre nell'aprile del '93, nell'inverno di quello stesso anno scrive *Un marito ideale* che andrà in scena il 3 gennaio del 1895, ancora all'Haymarket, con un successo ancora trionfale.

Ma nel gennaio del 1891 Wilde ha conosciuto Alfred Douglas, ventenne, studente a Oxford, figlio cadetto di un bellicoso marchese di Queensberry. La latente omo-

sessualità di Oscar Wilde esplode in una relazione che a poco a poco si fa palese: Wilde e Lord Douglas viaggiano assieme, sono sempre più spesso assieme, fino a che neppure a Londra Wilde andrà più ad abitare con sua moglie, nella propria casa. Alfred Douglas prova un gusto morboso nell'ostentare il vero carattere di quell'amicizia che la società sulle prime fa finta di ignorare, ma su cui ben presto nessuno può più nutrire il minimo dubbio: alle sue spalle, vi è un pessimo rapporto con il padre, autoritario e dispotico, e — forse — primo destinatario della propria ribelle ostentazione. Lord Queensberry tenta in tutti i modi di strappare il figlio a quella che reputa l'influenza corruttrice di Wilde: nell'ottobre del 1894 il figlio primogenito ed erede al titolo di Lord Queensberry, Drumlaring, muore in circostanze misteriose, sembra per il timore di uno scandalo in merito a una relazione omosessuale con un Lord Roseberry. Il marchese di Queensberry — malgrado l'odio dichiarato per Alfred, con il quale rifiuta ormai ogni rapporto — appare deciso a salvarlo, o — forse e comunque — a concretizzarne la rovina.

È il 1895. Nell'autunno precedente, a Worthing, dove vive con Lord Douglas, Wilde ha completato la prima stesura in quattro atti dell'*Importanza di chiamarsi Ernesto*. Le prove della commedia — protagonista l'attore impresario George Alexander — iniziano poco dopo la prima rappresentazione di *Un marito ideale*: Lord Queensberry aveva minacciato di intervenire alla serata per lanciare ortaggi all'autore, ma il suo piano è sventato: si limiterà a lasciare gli ortaggi all'ingresso degli attori. Subito dopo la «prima» di *Un marito ideale*, Wilde e Douglas sono ad Algeri, dove — tra l'altro — incontrano il giovanissimo André Gide, che trascinano facilmente sulla loro stessa strada. Il 14 febbraio va in scena *L'importanza di chiamarsi Ernesto*, nella definitiva versione in tre atti, e con un successo ancora maggiore delle com-

medie precedenti. È l'ultimo trionfo di Wilde: poi, rapidissima, la catastrofe. Il 28 febbraio Lord Queensberry fa recapitare all'autore un biglietto indirizzato a «Oscar Wilde posing sodomite» (a Oscar Wilde che posa a sodomita), una formula prudente, mirante forse a evitare un'azione legale, così come il curioso errore nella grafia di una parola con cui già altre volte — in lettere private — Lord Queensberry aveva alluso a Wilde. Aizzato da Lord Douglas — e qui certamente vittima della guerra tra padre e figlio — Wilde volle far causa a Lord Queensberry, malgrado i consigli alla prudenza di tutti gli amici e dei suoi stessi legali: durante il processo — il 3 e 4 aprile — la difesa ebbe buon gioco nel produrre non solo le prove dell'omosessualità di Wilde, ma anche del ruolo che egli stesso aveva giocato in una casa d'appuntamenti per soli uomini, gestita da un certo Alfred Taylor.

L'assoluzione di Lord Queensberry dall'accusa di calunnia, provocò — per converso — l'apertura di un procedimento contro Oscar Wilde, che il 5 aprile viene arrestato e associato alle carceri di Holloway. Il processo per sodomia contro Wilde si svolse in due fasi, poiché in un primo tempo la giuria non riuscì ad accordarsi sul verdetto, dal 26 aprile al 1° maggio, e dal 20 al 25 maggio: tra i due processi Wilde è libero su cauzione. Tutti si attendono una sua fuga in Francia — sulla scia dei tanti insospettabili gentlemen che nel clima di scandalo che si era creato avevano creduto bene lasciare per un poco l'Inghilterra — ma Wilde sembra deciso a seguire il proprio destino fino in fondo. La condanna a due anni di lavori forzati conclude inevitabilmente il processo, durante il quale — peraltro — la storia dell'amicizia con Lord Douglas aveva rivelato lati sordidi che nulla avevano a che fare con il conclamato mito della storia dell'amore superiore e prezioso cui tante volte ambedue avevano fatto ricorso. Wilde è incarcerato prima a Pentonville, poi a Wandsworth, finalmente a Reading. Subito dopo

la sentenza, i teatri di Londra tolgono le commedie di Wilde dal cartellone. Nel settembre e nel novembre dello stesso anno, altri due processi per bancarotta si concludono con la messa all'asta di tutti i suoi beni. La catastrofe non ha veramente risparmiato nulla.

In prigione, nel 1897, Wilde scrive il *De profundis*, una lunga lettera indirizzata ad Alfred Douglas. Esce di prigione il 19 maggio, e si trasferisce in Francia, dove completa la stesura della *Ballata del carcere di Reading*, che verrà pubblicata l'anno seguente dall'editore Smithers, senza il nome del suo autore. Nell'agosto incontra Alfred Douglas — mancando a un preciso impegno assunto con la moglie Constance — e con lui è prima a Parigi, poi a Napoli e in Sicilia, dove il rapporto finalmente si tronca. Nel 1898 Wilde è a Parigi (dove in aprile lo raggiunge la notizia della morte di Constance) poi altrove in Francia, in Svizzera, in Italia. Tenta con qualche aforisma di riassumere l'antico ruolo di *enfant terrible*, ma la cosa non diverte più nessuno: la sua stagione è ormai finita. Nel 1899 escono in volume *L'importanza di chiamarsi Ernesto* e *Un marito ideale*. Nella primavera del 1900 compie un ultimo viaggio in Italia (Palermo e Roma) ospite di un eccentrico milionario di nome Harold Mellors, poi torna a Parigi dove prende alloggio all'Hotel d'Alsace. Qui si ammala, minato ormai dalla sifilide. Il 10 ottobre viene operato a un orecchio, il 30 novembre muore. Narrandone la fine, Robert Ross, l'amico fedelissimo, scrisse che negli ultimi tempi Wilde era molto infelice, e che sarebbe stato sempre più infelice col passar del tempo. Wilde viene seppellito il 3 dicembre, «con un funerale di sesta classe», a Bagneux dove il suo corpo rimase fino al 1909, quando fu trasferito al Père Lachaise, in una bella tomba con un monumento funebre di Jacob Epstein.

Questa la vita di Oscar Wilde, debitamente narrata, o — più precisamente — elencata nelle sue date e nei suoi

eventi essenziali;[1] commisurata al talento del suo protagonista, essa non appare né particolarmente esemplare in qualsivoglia senso, né particolarmente significativa alla luce di un qualsivoglia valore. Essenzialmente, malgrado il suo estetismo e la sua diversità — o forse anche per questo — possiamo dire che Wilde non uscì dall'ambiente, dai temi, dalle ambizioni, dagli ideali, in una parola: dal «mondo» in cui venne a trovarsi per nascita: la facilità (irlandese) del suo spirito e della sua conversazione gli creò un facile successo in quella frivola vetrina che fu la società vittoriana dei salotti e dei club. In quel successo egli si adagiò beatamente, certo favorito in questo dal lato più frivolo e corrivo della propria indole. Che dietro quella vetrina ci fosse ben altro, è un sospetto che non sembra averlo mai colto, se non per fargli compiere un paio di escursioni nel mondo del nascente socialismo (*Vera o I nichilisti*, *L'anima dell'uomo sotto il socialismo*), senza però un adeguato impegno, e sempre riconducendo la tematica affrontata alle coordinate del proprio mondo di provenienza, senza un'autentica autonomia di giudizio. Successo, plauso, danaro erano lì a portata di mano, e per coglierli non doveva neppure far fatica: doveva soltanto dare libero sfogo alla sua vena più facile e spontanea. Non solo: un qualsiasi impegno — sul piano critico, politico, ideologico — non avrebbe potuto che alienargli la popolarità di cui godeva, rendergli più contrastato il successo, lesinargli il danaro. Se egli avesse davvero avuto un proprio mondo da imporre (diciamo pure: se egli fosse stato un «genio»), questi condizionamenti e queste lusinghe non sarebbero stati sufficienti a distrarlo. Ma Oscar Wilde non era tale, malgrado la sua

[1] Per una esauriente biografia di Wilde si veda il recentissimo *Oscar Wilde* di Richard Ellmann (Ed. Alfred A. Knopf, New York 1987), puntiglioso e minuzioso racconto della vita quotidiana del grande autore.

famosa battuta alla dogana degli Stati Uniti, quando — chiestogli se aveva qualcosa da dichiarare — rispose: «Nulla, eccetto il mio genio». Egli aveva solo (!) uno straordinario talento che — come spesso avviene in questi casi, e come vedremo brevemente più avanti — si esplicò al meglio delle proprie possibilità in briciole e fiammelle: non cioè nelle opere maggiori e più impegnate, ma nelle cose minori e scritte quasi con la mano sinistra.

La sola «cosa» che intellettualmente e praticamente tentò di costruire fu — se proprio vogliamo individuarla — una sorta di «arte del vivere» che, coerentemente con le proprie premesse ideologiche (o magari contraddicendole, come abbiamo visto più sopra), lo distinguesse in qualche modo dalla massa: intesa ovviamente per «massa» la *high society* londinese di fine secolo. Ma, anche qui, questo tentativo ebbe due aspetti: da un lato si esaurì in una facile eccentricità fatta di cravattoni sgargianti, di dita inanellate, di garofani verdi (una sua invenzione), e di aforismi di giudiziosa e ben calibrata audacia; dall'altro lato, ove lo si voglia ravvisare invece nel dichiarato e praticato anticonformismo della sua vita privata, esso mancò di sostanziale chiarezza e di coraggio: non ebbe un momento di grandezza, non si accompagnò a una vera affermazione di libertà o di diritto alla diversità. In un primo tempo si risolse in una esteriore e superficiale sfida alle convenzioni vigenti, nella presunzione della propria invulnerabilità di Übermensch o almeno di aristocratico del gusto; e ancora quando l'avvocato difensore di Queensberry gli chiese — nelle contorte formulazioni della *cross-examination* anglosassone — se riteneva che «l'affetto e l'amore di Dorian Gray per l'artista avrebbero potuto condurre un comune individuo a individuarli come una certa tendenza», Wilde rispose — provocando le deliziate risate del pubblico — di non avere «nessuna nozione delle opinioni di un comune individuo». Ma il

patto tacitamente sottoscritto tra Wilde e la società che lo incensava prevedeva che lo scherzo non dovesse superare certi limiti: che l'eccentricità non sconfinasse nel peccato (e in *quel* peccato!), o — più esattamente — che il peccato non diventasse scandalo! E in un secondo tempo, quando si rese conto che malgrado le deliziate risate di cui sopra l'*establishment* si irrigidiva nella difesa dei propri valori — autentici o convenzionali che fossero — dimostrando di non tollerare l'infrazione del patto, Wilde cedette di schianto, nella paura e nella querimonia. Egli non fu insomma né Nietzsche né Rimbaud, né nessuno di quelli di cui si potrebbe forse fare i nomi. E neanche dopo la dura esperienza del processo, dell'infamia, del carcere, egli dimostrò una qualsivoglia profondità di coerenza: di peccatore o di pentito, di eguale o di diverso che fosse. Riprese la propria vita di prima, e al tempo stesso cercò di reinserirsi; giocò al vecchio gentiluomo pacificato con se stesso, e al tempo stesso tentò il lancio di nuovi aforismi alla vecchia maniera... Perfino sul letto di morte, l'idea che la sua vicenda terrena si sarebbe conclusa alle soglie di un nuovo secolo, non gli ispirò che una banale (anche se non inesatta) battuta: «Non sopravviverò a questo secolo: gli inglesi non lo sopporterebbero!».

L'OPERA DI WILDE E *L'IMPORTANZA DI CHIAMARSI ERNESTO*

Abbiamo detto più sopra che il talento di Wilde si espresse soprattutto nelle opere minori e di più marcato disimpegno. Non poteva essere altrimenti. Se accettiamo il fatto che egli non aveva un proprio autentico mondo interiore da imporre, e che non possono nascere capolavori dall'acquiescenza facile e interessata a una committenza come la società per cui Wilde scrisse, ecco che per strappare il meglio dalla sua penna dobbiamo attendere il momento del *divertissement*, della bagatella inutile, della

cosa scritta — con la mano sinistra, appunto — per dar libero sfogo alla propria abilità verbale, alla propria *sensiblerie* disimpegnata ma — se non altro — libera. Al *Ritratto di Dorian Gray*, impegnato a esaltare un estetismo dubbio ed esteriore con prudente e vellicante scandalismo, mi sembra si possano oggi preferire i felici racconti umoristici del *Delitto di Lord Arthur Savile* e del *Fantasma di Canterville*; alle sparse poesie del suo periodo fortunato, e alle stesse querimoniose stanze della *Ballata del carcere di Reading*, non è forse esagerato anteporre le raccolte, misuratamente e felicemente sentimentali, del *Principe Felice* e della *Casa dei melograni*; e — finalmente — alle commedie salottiere quali *Un marito ideale*, *Il ventaglio di Lady Windermere* e *Una donna senza importanza*, così incerte tra moralismo e compiacenza, così rapidamente invecchiate col tramonto della società che raffiguravano, e dalla quale nessun respiro universale le affranca, non v'è dubbio che *L'importanza di chiamarsi Ernesto* — perfetto esempio di *nonsense* elevato a commedia in tre atti — si contrapponga come un capolavoro ancora miracolosamente giovane e fresco dopo quasi cent'anni di vita e di ininterrotta carriera.

E in effetti, il segreto dell'*Importanza di chiamarsi Ernesto* è nel non aver nulla da dire, nessuna morale da difendere o da sbandierare; l'inconsistenza dei personaggi e l'inverosimiglianza stessa della vicenda non sono qui un limite ma un ingrediente fondamentale, che neanche il sapore di satira del genere riesce ad appesantire di un qualche significato; l'aforisma stesso — mattone della costruzione dialogica — è quintessenziale, puro accostamento di parole e di concetti, che non ha altro scopo che l'eleganza della propria formulazione. Il dubbio di un «significato» è dissolto da Algernon stesso (A.I), quando incappa in una battuta che «potrebbe» anche avere un senso: «Tutte le figlie femmine diventano come la loro

madre. Questa è la tragedia delle donne. Nessun maschio lo diventa: e questa è la tragedia degli uomini». Jack gli chiede se pensa di aver fatto un'osservazione intelligente, e Algernon elude d'un sol colpo la domanda, il problema, e il pericolo: «È molto ben detto!». L'importanza è questa: formulare in modo impeccabile — al di fuori di ogni criterio di verità e di consistenza — accostamenti verbali e concettuali di assoluta gratuità. Gli aforismi delle tre *society plays* citate più sopra avevano pur sempre la funzione di affermare qualcosa che suonasse morale o audace o scandaloso. Ma nell'*Importanza di chiamarsi Ernesto*, si incontrano «formulazioni» come queste: «I depositi bagagli delle stazioni ferroviarie... non possono costituire una solida base per una posizione riconosciuta nella buona società»... «I due punti deboli della nostra società sono la mancanza di principi e la mancanza di profili», le quali ovviamente non significano nulla: esse sono, al più, la parodia dell'aforisma, ma già questo a mio avviso sarebbe dir troppo, e caricare la commedia di una volontà che non possiede e che non vuole possedere.

Al pari delle parole, anche i personaggi sono — letteralmente — inconsistenti: essi non hanno alcuna fisicità, alcuna materialità: Jack e Gwendolen, Algernon e Cecily sono assolutamente inimmaginabili a letto. Il loro rapporto è una schermaglia intellettuale... anzi neppure: una schermaglia verbale, assurdamente preziosa e preziosamente assurda, che non ha altro scopo che quello di esibirsi e altro traguardo che quello del *tableau* finale (oggi diremmo della «foto di gruppo») al momento fatidico del «sì». Dopo di che il sipario cala, e tutto si dissolve: Jack e Gwendolen, Algernon e Cecily ritornano alla fantasia che li ha creati, la loro sopravvivenza nel mondo è del tutto inimmaginabile.

L'importanza di chiamarsi Ernesto non presenta nessuna difficoltà di lettura. Come è sempre delle grandi opere —

o, più esattamente in questo caso, delle opere perfette — essa impone fin dalle prime battute le coordinate del proprio stile, e in queste coordinate il lettore si muove perfettamente a suo agio, accettandone ogni conseguenza e gustandone ogni implicazione. Nessuna difficoltà teorica neppure per la messinscena, che impone allestimento e recitazione di chiara marca *dandy*, secondo il più trito cliché del manierismo di Eton, di Oxford, degli esclusivi club vittoriani, o — naturalmente — di ciò che in genere passa per tale. La storia scenica dell'*Importanza di chiamarsi Ernesto* è la storia di una presenza continua e universale: la sola difficoltà è — per lo più — quella dell'età degli attori, che potrebbero spesso essere i nonni dei personaggi che interpretano: di qui, le penose immagini cui mi ha a volte costretto il mio mestiere di spettatore, di maturi signori e di ex-giovani attrici in visibile conflitto con costumi che altro non erano che un faticato compromesso tra la loro mole e il bozzetto del costumista, intenti a pronunciare con l'aria più fatua possibile le battute di Algernon o di Cecily, sortendo un penoso e irripetibile effetto di imbecillità senescente. Devo però riconoscere — e riconosco ben volentieri — di non aver mai visto il testo di Wilde soccombere a questo massacro, che avrebbe reso intollerabili opere di ben altra autorità e di ben altro pondo: il che è prova di una vitalità e di un'efficacia — e diciamo pure, di una perfezione — che tagliano corto a ogni discussione.

La «facilità» di questa commedia pose in un certo senso un limite alla sua considerazione critica e alla sua stessa fortuna teatrale. Già al suo primo apparire, accanto al successo incondizionato presso il pubblico, si notano taluni cauti «distinguo». George Bernard Shaw, che dal gennaio di quel 1895 aveva assunto la critica teatrale sull'autorevole «Saturday Review», e che nel secondo dei suoi articoli aveva recensito con grande favore *Un marito ideale*, fu abbastanza tipiedo con *L'importanza di*

chiamarsi Ernesto: «Mi sono divertito, naturalmente;» scrisse in data 23 febbraio «ma a meno che una commedia non mi tocchi da vicino, oltre a divertirmi, essa mi lascia con l'impressione di aver sprecato la serata. A teatro io ci vado per essere convinto a ridere, non per essere solleticato o calciato a farlo... E *L'importanza di chiamarsi Ernesto* è tutta piena di solleticamenti: le bugie, gli inganni, le simmetrie, i finti lutti, il battesimo dei due adulti, il mangiare i biscotti. Tutte cose che avrebbero anche potuto sollevarsi dal mero piano farsesco se messe in opera da personaggi che — come don Chisciotte — fossero riusciti a convincerci della loro verità e avessero catturato la nostra "simpatia"».[2] George Bernard Shaw stava conducendo la sua battaglia per un teatro di tesi e di idee, ed è ben comprensibile la sua riluttanza ad accettare quel disimpegno così totale e rigoroso che abbiamo visto essere caratteristica portante dell'*Importanza di chiamarsi Ernesto*. Tuttavia l'equivoco rimane: non è sul piano della verità psicologica e poetica che vanno cercati i valori di quest'opera, bensì nella sua capacità di farne a meno, nella sua «inconsistenza» e immaterialità, nella sua capacità di creare — nello spazio creato dalla loro assenza — quell'autonomo gioco verbale che porterà W. H. Auden a definirla «l'unica opera di pura verbalità della letteratura in lingua inglese».

[2] Cfr. G. B. Shaw, *Our Theatres in the Nineties* (Ed. Constable and Co., London 1932), Vol. I, pp. 41 sgg. Una curiosità: l'articolo di Shaw pubblicato quindici giorni prima (il 9 febbraio) era intitolato «Why not Sir Henry Irving» (Perché no Sir Henry Irving: con l'accento sulla parola «sir»), e riprendeva la pubblica richiesta del maggior attore inglese del tempo a vedere «riconosciuta formalmente l'arte dell'attore tra le belle arti», magari proprio attraverso la nomina a baronetto di un attore, cosa mai avvenuta fino a quel momento nella storia. Proprio in quell'anno, infatti, Irving ebbe dalla regina Vittoria il titolo di «Sir», e il fatto ebbe il sapore di un definitivo riconoscimento del diritto di cittadinanza di quel teatro che solo due secoli prima era stato bandito come immorale. La coincidenza di questo riconoscimento con la condanna di Wilde non è senza significato: il teatro chiudeva il capitolo del genio-e-sregolatezza e apriva quello della rispettabilità ufficiale.

Ma l'equivoco — o la sottovalutazione — di G.B. Shaw trovò un riscontro nella storia scenica della commedia, che al di là della miriade di rappresentazioni in tutto il mondo non mi sembra aver trovato ancora un grande allestimento o una grande firma registica che affrontassero il problema di una sua precisa collocazione critica nel teatro del nostro secolo: neppure nell'allestimento diretto da Peter Hall al National Theatre di Londra nel 1983. Causa — certo — quella difficoltà di distribuzione cui abbiamo accennato più sopra,[3] ma anche — altrettanto certamente — la sottovalutazione del significato di quel «disimpegno» che oggi — alla luce delle moderne esperienze drammaturgiche, «dopo» Ionesco e Beckett — potrebbe essere più rettamente valutato. La migliore realizzazione dell'*Importanza di chiamarsi Ernesto* di cui sono a conoscenza, è un (vecchio) film a colori, del 1952, diretto da Anthony Asquith, con un cast effettivamente *monstre* in cui al quartetto dei giovani, composto da Joan Greenwood, Dorothy Tutin, Michael Redgrave e Michael Dennison si contrapponevano la Miss Prism di Margaret Rutherford, la Lady Bracknell di Edith Evans e il Reverendo Chasuble di Miles Malleson.

L'IMPORTANZA DI CHIAMARSI ERNESTO NEL TEATRO BORGHESE

Qualcosa va detto infine per collocare *L'importanza di chiamarsi Ernesto* nel quadro generale del teatro del suo tempo, e dell'evoluzione del teatro borghese in particolare, in cui tutta l'opera di Wilde si colloca, con buona pace delle sue pretese di sovrumanità. In altra occasione[4]

[3] È il «famoso» problema di *Romeo e Giulietta*: gli attori che hanno l'età giusta non hanno raggiunto ancora la notorietà e l'autorità necessarie, gli attori che le hanno raggiunte non hanno più l'età giusta...

[4] Cfr. Gigi Lunari, *Henry Irving e il teatro inglese dell'800*, Ed. Cappelli, Bologna 1961.

abbiamo tracciato un minuzioso parallelo tra le vicende della borghesia come classe sociale egemone e l'evoluzione del teatro che ne rispecchiava l'ideologia e le richieste. Nella sua fase progressista e rivoluzionaria la borghesia aveva chiesto al teatro di propagandare il proprio programma politico e morale, ma senza rifiutarsi a un coraggioso confronto con la realtà: e gli autori borghesi più impegnati — da Goldoni a Dumas figlio — avevano puntualmente denunciato le contraddizioni e le manchevolezze del mondo che la borghesia andava costruendo o aveva costruito. Ma una volta assurta al ruolo di classe egemone, la borghesia aveva smesso di gradire queste denunce: la speranza di costruire un mondo perfetto, portatore di progresso illimitato e di benessere per tutti, si era dileguata mano a mano che le contraddizioni del sistema si rivelavano in tutta la loro inequivocabilità; e si sa qual è il modo migliore per dimenticare un programma non realizzato: non parlarne, e rifiutarsi di prendere atto della mancata realizzazione. A questo punto, il teatro borghese si era trovato di fronte a due possibilità, a due ipotesi di lavoro: continuare nella denuncia delle crescenti magagne, e con questo porsi per così dire in una sorta di opposizione interna, oppure accondiscendere alla tattica evasiva, ignorare le contraddizioni e le magagne, e contrapporre all'osservazione dell'ingrata realtà quotidiana una realtà mistificata o inventata.

La seconda metà dell'Ottocento è un grande campionario di invenzioni evasive, escogitate per sfuggire al confronto con la realtà. La più banale e diffusa era quella di fare come se quelle contraddizioni non si fossero minimamente verificate, continuare in un ottimismo ormai del tutto ingiustificato, narrando storie apparentemente realistiche ma che si concludevano nell'utopia del «lieto fine», in cui la Virtù veniva davvero premiata, il Crimine e il Vizio giustamente puniti, le Margherite Gautier sposavano davvero gli Armandi Duval e via dicen-

do. Altre, invece, si ammantavano di pretese culturali, estetiche o filosofiche — non necessariamente illegittime o inconsistenti, ma che di fatto portavano a evadere dalla realtà contemporanea e dai suoi problemi: o nel teatro di poesia, in un lirismo magniloquente o intenso, che poteva andare da Maeterlinck alla *Salomè* di Wilde, da Tennyson a D'Annunzio; o nel dramma storico, nella dotta ricostruzione d'epoca in cui inserire conflitti memori di Racine e di Corneille, che poteva andare dal *Robespierre* o dal *Dante* di Sardou alle fantasie medievali di Giacosa o a quelle romano-antiche di Pietro Cossa; o un teatro di idee e di grandi temi morali e filosofici (da non confondersi con il teatro a tesi o con il dramma di costumi, da Dumas a Ibsen a Pinero, ben più immediatamente ancorati alla realtà del quotidiano e del sociale), illustrato in particolare in Francia da Ernest Renan e da François de Curel, ma in cui rientra anche l'ultimo Tolstoj del *Cadavere vivente* (1900); oppure ancora trovando una propria giustificazione nella compiutezza formale, come nella *pièce bien faite* di Sardou e dei suoi numerosissimi imitatori (tra i quali, come abbiamo visto, lo stesso Wilde), oppure nella perfezione del meccanismo narrativo e comico, come nel vaudeville degli epigoni di Labiche o nella pochade di Feydeau, dove un mondo asettico e non problematico si esaurisce in variazioni sempre più difficili e fantasiose dell'antichissimo tema delle corna. Tutto, insomma, pur di sfuggire a un confronto con la realtà; ma a mano a mano che i problemi della realtà si acuivano, si facevano clamorosi e pressanti, sempre più difficile risultava al teatro ignorarli, parlare d'altro, rifilare al pubblico i non problemi di una realtà inventata, fosse essa pure ammantata di cultura, di poesia, di storia, o resa gradevole e divertente dalla stuzzicante levità del tema o dalla *suspense* di una storia magistralmente architettata e costruita. In questa crescente difficoltà, l'*ultima ratio* della strategia evasiva sarà il Novecento a fornirla, nel

teatro di Luigi Pirandello, con la geniale invenzione di una «filosofia» che svuotava di ogni valore e di ogni credibilità la realtà del mondo tangibile, per contrapporle la sola reale realtà della creazione estetica.

Di questo rifiuto della realtà, Wilde partecipa — come abbiamo visto — rifugiandosi nell'estetismo, proclamando la superiorità dell'arte e della vita come imitazione dell'arte, come «arte del vivere»; è facile pertanto trovargli un posto abbastanza ovvio e scontato nel quadro che abbiamo appena tracciato. Ma se le sue *society comedies* riflettono — con qualche ben calcolata nota amara — una sostanziale filosofia del lieto fine, *L'importanza di chiamarsi Ernesto* si pone al riparo da ogni critica in questo senso, e sempre più col passare del tempo si afferma come uno dei rari casi in cui — in virtù di una miracolosa allegria e di una irripetibile innocenza — sarebbe ingiusto pretendere qualcosa d'altro o di più di quello che essa liberamente ci offre. Varrà la pena ricordare che in quell'ultimo decennio del secolo nel quale vide la luce *L'importanza di chiamarsi Ernesto*, Ibsen scrisse *Edda Gabler* (1890), *John Gabriel Borkman* (1896) e *Quando noi morti ci destiamo* (1899), Pinero *La seconda signora Tanqueray* (1893), Strindberg *Verso Damasco* (1898), G.B. Shaw *Il discepolo del diavolo* (1897), Schnitzler *Girotondo* (1897) e *Il Pappagallo Verde* (1899), Praga *La moglie ideale* (1890), Sudermann *Casa paterna* (1893), Cechov *Il gabbiano* (1896) e *Zio Vania* (1899), Hauptmann *I tessitori* (1892) e *La pelliccia di castoro* (1893), Bertolazzi *El nost Milan* (1897), Wedekind *Risveglio di primavera* (1891) e *Lo spirito della terra* (1895), Verga *La lupa* (1896) e Giacosa *Come le foglie* (1900); mentre su altri piani — a completamento del quadro — Sardou scriveva *Madame Sans-Gêne* (1893) e *Robespierre* (1899), Alfred Jarry *Ubu Roi* (1896), Maeterlinck *Pelléas e Mélisande* (1892), Feydeau *Il tacchino* (1896) e *La signora di Chez-Maxim* (1899), Rostand *Cyrano di Bergerac* (1897) e

D'Annunzio *La città morta* (1898). In questo panorama — stupefacente per varietà e peso specifico — non vi è chi non veda l'unicità e l'insostituibilità dell'*Importanza di chiamarsi Ernesto* come momento di sospensione, di vacanza, di «evasione» nel senso più profondo e rigoroso della parola.

Un'ultima osservazione, che affido al lettore, senza la minima idea del peso e del significato che essa possa avere. *L'importanza di chiamarsi Ernesto* nasce tra il 1894 e il 1895 in quel momento della vita di Wilde che precede immediatamente la sua rovina: è il periodo della sua più palese convivenza con Alfred Douglas, del suo viaggio ad Algeri, dell'acuirsi della tensione con Lord Queensberry, che sfocerà appunto nel processo. Su questo «momento» ci siamo soffermati un po' più a lungo nel tracciare più sopra la vita di Wilde, e abbiamo sottolineato l'assurdo correre di Wilde verso quella rovina, il suo cimentarsi in una causa palesemente pericolosa, il suo non sentir ragione, in una sorta di furia autodistruttiva che sortì, in effetti, il risultato di distruggerlo. In questo clima viene pensata e scritta *L'importanza di chiamarsi Ernesto*: e non può non esserci una relazione tra la nera drammaticità di quel clima e la solare felicità di quell'opera, tra il peggiore momento della vita di Wilde e il fatto che proprio in quel momento egli scrisse le sue pagine più spensierate, più fresche, più felici. Tentare di definire questa relazione è forse compito più dello psicanalista che del critico: certo si tratta di una coincidenza impressionante che non può essere puramente casuale, e che sarebbe insufficiente spiegare con la tesi della contrapposizione di vita e arte che è alla base dell'estetica di Wilde. L'opera d'arte vive staccata dall'autore che l'ha creata, e sarebbe più che mai ingiusto e sbagliato leggere *L'importanza di chiamarsi Ernesto* alla luce della vi-

ta di Wilde, o viceversa. Ma questa coincidenza getta comunque su quelle pagine un'ombra inquietante e suggestiva, come per l'intravvedersi di un rovescio di medaglia che la felicità dell'invenzione ci impedirà per sempre di svelare.

LUIGI LUNARI

NOTA AL TESTO E ALLA TRADUZIONE

Il testo qui tradotto è quello della versione in tre atti, rappresentata al St. James's Theatre di Londra il 14 febbraio 1895 e poi pubblicata dall'autore nel 1899. Di una prima versione in quattro atti, che Wilde presentò a George Alexander nel novembre del 1894, esiste — in parte alla New York Public Library, in parte alla British Library di Londra — il manoscritto e un dattiloscritto (monco peraltro del secondo atto) con annotazioni autografe di Wilde. Il materiale di New York è stato pubblicato in facsimile nel 1956, e nel 1957 venne edito a Londra un testo ricavato dal confronto tra manoscritto e dattiloscritto, e una versione tedesca pubblicata a Lipsia nel 1903. La versione in tre atti — che è quella approvata dall'autore e comunemente usata — fonde nel secondo atto gli atti secondo e terzo della prima versione, con vari tagli, e accorcia l'atto finale. (Cfr. M. D'Amico, Introduzione, in O. Wilde, *L'importanza di essere onesto*, Milano 1985.)

Per quello che riguarda la traduzione del titolo, è noto che in inglese *The Importance of Being Earnest*, vuol dire l'importanza di essere serio, onesto, aperto, franco e via dicendo. Il nome che suona come «Earnest» è «Ernest», e il gioco di parole — almeno sulla carta — è anche facilitato in inglese dall'uso delle maiuscole nei titoli. La traduzione più efficace sarebbe pertanto *L'Importanza di*

Essere Franco (ma, appunto, già diverso sarebbe scrivere *L'importanza di essere franco* o *L'importanza di essere Franco*). Tuttavia, nell'uso corrente di chiamare i personaggi con il loro nome inglese, non si può parlare di Algernon, Gwendolen e «Franco», né si può evitare che usando il nome di Frank il gioco di parole venga del tutto perduto. A questo punto, mi è sembrato più efficace mantenere il titolo nella sua formulazione più nota, che è quello di *L'importanza di chiamarsi Ernesto*, rinunciando certamente a un piccolo gioco, ma — forse — lusingando la commedia nel suo (fondamentale) aspetto di *nonsense*. Il gioco è parzialmente recuperato alla fine, nell'ultima battuta, dove «the Importance of Being Earnest» è tradotta con «l'Importanza di Essere un Serio Ernesto».

L.L.

L'IMPORTANZA DI CHIAMARSI ERNESTO

Commedia frivola per gente seria

THE IMPORTANCE OF BEING EARNEST

A trivial comedy for serious people

A
Robert Baldwin Ross
con stima
e
affetto

Rappresentata per la prima volta al St. James's Theatre di Londra, il 14 febbraio 1895.

THE CAST

JOHN WORTHING, *JP*
ALGERNON MONCRIEFF
REVEREND CANON CHASUBLE, *DD*
MERRIMAN, a butler
LANE, a manservant
LADY BRACKNELL
HON. GWENDOLEN FAIRFAX
CECILY CARDEW
MISS PRISM, a governess

PERSONAGGI DELLA COMMEDIA[1]

JOHN WORTHING, *JP*[2]
ALGERNON MONCRIEFF
REV. CANONICO CHASUBLE, *DD*
MERRIMAN, maggiordomo
LANE, cameriere
LADY BRACKNELL
HON. GWENDOLEN FAIRFAX
CECILY CARDEW
MISS PRISM, istitutrice

[1] Le iniziali e le abbreviazioni stanno per *Justice of the Peace* (*JP*), titolo attribuito ai notabili che nelle campagne svolgevano, senza far parte della magistratura, compiti di mantenimento dell'ordine e della pace; *Doctor of Divinity* (*DD*) ovvero laureato in teologia; *Honourable* (*Hon.*) è titolo riservato ai cadetti della nobiltà minore.
[2] Worthing è il nome della località in cui, nella seconda metà del 1894, Wilde scrisse *L'importanza di chiamarsi Ernesto*.

THE SCENES OF THE PLAY

ACT ONE
Algernon Moncrieff's flat in Half-Moon Street, in the West End of London.

ACT TWO
The garden at the Manor House, Woolton.

ACT THREE
Drawing-room at the Manor House, Woolton.

LE SCENE DELLA COMMEDIA

ATTO PRIMO
L'appartamento di Algernon Moncrieff in Half-Moon Street, a Londra nel West End.

ATTO SECONDO
Il giardino della Manor House, a Woolton.

ATTO TERZO
Salotto della Manor House, a Woolton.

EPOCA
Al giorno d'oggi [1]

[1] Ovvero il 1895.

ACT ONE

Morning-room in Algernon's flat in Half-Moon Street. The room is luxuriously and artistically furnished. The sound of a piano is heard in the adjoining room.

Lane is arranging afternoon tea on the table, and after the music has ceased, Algernon enters.

ALGERNON Did you hear what I was playing, Lane?

LANE I didn't think it polite to listen, sir.

ALGERNON I'm sorry for that, for your sake. I don't play accurately – any one can play accurately – but I play with wonderful expression. As far as the piano is concerned, sentiment is my forte. I keep science for Life.

LANE Yes, sir.

ALGERNON And, speaking of the science of Life, have you got the cucumber sandwiches cut for Lady Bracknell?

LANE Yes, sir. (*Hands them on a salver.*)

ALGERNON (*inspects them, takes two, and sits down on the sofa*) Oh! ... by the way, Lane, I see from your book that on Thursday night, when Lord Shoreman and Mr Worthing were dining with me, eight bottles of champagne are entered as having been consumed.

LANE Yes, sir; eight bottles and a pint.

ATTO PRIMO

LA SCENA

Un salotto nell'appartamento di Algernon in Half-Moon Street. La stanza è arredata con lusso e con estro. Dalla stanza accanto si ode il suono di un pianoforte.

(*Lane sta preparando una tavola per il tè delle cinque. La musica termina, e Algernon entra.*)

ALGERNON Hai sentito quel che stavo suonando, Lane?

LANE Non mi sembrava educato ascoltare, signore.

ALGERNON Me ne dispiace per te, Lane. Io non suono con molta precisione — con molta precisione può suonare chiunque — ma con grande sentimento. Per quel che riguarda il piano, il sentimento è il mio forte. L'esattezza scientifica la riservo alla vita.

LANE Sì, signore.

ALGERNON E a proposito di scienza della vita: hai preparato le tartine ai cetrioli per Lady Bracknell?

LANE Sì, signore. (*Gliele porge, su un vassoio.*)

ALGERNON (*ispeziona le tartine, ne prende due, siede sul divano*) Oh!... a proposito, Lane, ho visto sul tuo libro dei conti che giovedì sera, quando sono stati qui a cena Lord Shoreman e Mister Worthing, figurano essere state bevute otto bottiglie di champagne.

LANE Sì, signore: otto bottiglie e mezza.

ALGERNON Why is it that at a bachelor's establishment the servants invariably drink the champagne? I ask merely for information.

LANE I attribute it to the superior quality of the wine, sir. I have often observed that in married households the champagne is rarely of a first-rate brand.

ALGERNON Good heavens! Is marriage so demoralising as that?

LANE I believe it *is* a very pleasant state, sir. I have had very little experience of it myself up to the present. I have only been married once. That was in consequence of a misunderstanding between myself and a young person.

ALGERNON (*languidly*) I don't know that I am much interested in your family life, Lane.

LANE No, sir; it is not a very interesting subject. I never think of it myself.

ALGERNON Very natural, I am sure. That will do, Lane, thank you.

LANE Thank you, sir.

Lane goes out.

ALGERNON Lane's views on marriage seem somewhat lax. Really, if the lower orders don't set us a good example, what on earth is the use of them? They seem, as a class, to have absolutely no sense of moral responsibility.

Enter Lane.

LANE Mr Ernest Worthing.

Enter Jack.

Lane goes out.

ALGERNON How are you, my dear Ernest? What brings you up to town?

JACK Oh, pleasure, pleasure! What else should bring one anywhere? Eating as usual, I see, Algy!

ALGERNON Come si spiega che in casa di uno scapolo la servitù pasteggi immancabilmente a champagne? Lo chiedo per pura curiosità.

LANE Attribuisco il fatto alla superiore qualità dello champagne, signore. Mi è più volte capitato di osservare che presso le coppie di sposi raramente lo champagne è di prima scelta.

ALGERNON Dio del cielo! A questo punto può condurre il matrimonio?

LANE Sono convinto possa trattarsi di una situazione anche gradevole, signore. La mia esperienza in proposito è molto limitata, a tutt'oggi. Sono stato sposato una volta sola, e a causa di un piccolo malinteso tra me e una giovane signora.

ALGERNON (*pigramente*) Non credo di essere molto interessato alla tua vita familiare, Lane.

LANE Certo, signore; è un argomento molto poco interessante. Non ci penso mai neanch'io.

ALGERNON Più che naturale, ne sono certo. Va bene così, Lane, grazie.

LANE Grazie, signore.

(*Lane esce.*)

ALGERNON Lane ha una concezione piuttosto superficiale del matrimonio. Ma insomma: se gli strati inferiori della società non ci danno neanche il buon esempio, si può sapere a che cosa servono? Pare proprio che, perlomeno come classe, non abbiano la minima coscienza delle loro responsabilità morali.

(*Entra Lane.*)

LANE Il signor Ernest Worthing.

(*Entra Jack. Esce Lane.*)

ALGERNON Come stai, carissimo Ernest? Qual buon vento ti ha condotto in città?

JACK Oh, il piacere, il piacere! Che cos'altro ti porta mai in qualsiasi posto? Vedo che come al solito stai mangiando, Algernon!

ALGERNON (*stiffly*) I believe it is customary in good society to take some slight refreshment at five o'clock. Where have you been since last Thursday?

JACK (*sitting down on the sofa*) In the country.

ALGERNON What on earth do you do there?

JACK (*pulling off his gloves*) When one is in town one amuses oneself. When one is in the country one amuses other people. It is excessively boring.

ALGERNON And who are the people you amuse?

JACK (*airily*) Oh, neighbours, neighbours.

ALGERNON Got nice neighbours in your part of Shropshire?

JACK Perfectly horrid! Never speak to one of them.

ALGERNON How immensely you must amuse them! (*Goes over and takes sandwich.*) By the way, Shropshire is your county, is it not?

JACK Eh? Shropshire? Yes, of course. Hallo! Why all these cups? Why cucumber sandwiches? Why such reckless extravagance in one so young? Who is coming to tea?

ALGERNON Oh! merely Aunt Augusta and Gwendolen.

JACK How perfectly delightful!

ALGERNON Yes, that is all very well; but I am afraid Aunt Augusta won't quite approve of your being here.

JACK May I ask why?

ALGERNON My dear fellow, the way you flirt with Gwendolen is perfectly disgraceful. It is almost as bad as the way Gwendolen flirts with you.

JACK I am in love with Gwendolen. I have come up to town expressly to propose to her.

ALGERNON I thought you had come up for pleasure?... I call that business.

JACK How utterly unromantic you are!

ALGERNON I really don't see anything romantic in proposing.

ALGERNON (*impettito*) Mi sembra sia buon uso nella buona società fare un piccolo spuntino intorno alle cinque. Dove sei stato da giovedì scorso?

JACK (*sedendo sul divano*) In campagna.

ALGERNON Si può sapere che diavolo ci fai, in campagna?

JACK (*togliendosi i guanti*) Si viene in città per divertirsi, si va in campagna per divertire gli altri. Una noia mortale.

ALGERNON E chi è che diverti, tu in particolare?

JACK (*leggero*) Oh, dei vicini.

ALGERNON Ci sono dei bei vicini, dalle tue parti?

JACK Assolutamente orrendi! Mai scambiato una parola con nessuno!

ALGERNON Dev'essere un grande divertimento per loro! (*Va a prendersi un'altra tartina.*)
A proposito, quando vai in campagna, è lo Shropshire, vero?

JACK Eh? Shropshire? Sì, certo. Ehi, che cosa sono tutte quelle tazze? E quelle tartine ai cetrioli? Cosa significano queste sfrenate lussurie alla tua giovane età? Chi è che aspetti per il tè?

ALGERNON Oh, solo la zia Augusta e Gwendolen.

JACK Delizioso!

ALGERNON Sì, può darsi: ma ho paura che la zia Augusta non sia molto contenta di trovarti qui.

JACK E perché, di grazia?

ALGERNON Amico mio, il tuo modo di flirtare con Gwendolen è assolutamente scandaloso. Quasi come il modo di Gwendolen di flirtare con te.

JACK Io sono innamorato di Gwendolen. E sono venuto in città proprio per chiederle di sposarmi.

ALGERNON M'avevi detto che eri qui per divertirti! Questi sono affari.

JACK Come sei poco romantico!

ALGERNON Non vedo proprio niente di romantico in una

It is very romantic to be in love. But there is nothing romantic about a definite proposal. Why, one may be accepted. One usually is, I believe. Then the excitement is all over. The very essence of romance is uncertainty. If ever I get married, I'll certainly try to forget the fact.

JACK I have no doubt about that, dear Algy. The Divorce Court was specially invented for people whose memories are so curiously constituted.

ALGERNON Oh! there is no use speculating on that subject. Divorces are made in Heaven –

Jack puts out his hand to take a sandwich. Algernon at once interferes.

Please don't touch the cucumber sandwiches. They are ordered specially for Aunt Augusta. (*Takes one and eats it.*)

JACK Well, you have been eating them all the time.

ALGERNON That is quite a different matter. She is my aunt. (*Takes plate from below.*) Have some bread and butter. The bread and butter is for Gwendolen. Gwendolen is devoted to bread and butter.

JACK (*advancing to table and helping himself*) And very good bread and butter it is too.

ALGERNON Well, my dear fellow, you need not eat as if you were going to eat it all. You behave as if you were married to her already. You are not married to her already, and I don't think you ever will be.

JACK Why on earth do you say that?

ALGERNON Well, in the first place girls never marry the men they flirt with. Girls don't think it right.

JACK Oh, that is nonsense!

ALGERNON It isn't. It is a great truth. It accounts for the

domanda di matrimonio. Essere innamorati è molto romantico. Ma non c'è niente di romantico in una precisa proposta matrimoniale. Diavolo!, e se quella dice di sì? Credo che di solito le donne dicano di sì. E allora è finito tutto il bello. L'essenza di ogni storia d'amore è l'incertezza! Se mai mi accadrà di sposarmi, cercherò subito di dimenticarmelo.

JACK Non ne ho il minimo dubbio, mio caro Algernon. Il tribunale dei divorzi è stato inventato proprio per la gente che ha queste curiose forme di amnesia.

ALGERNON Oh, questa è una discussione che non serve a niente. I divorzi si fanno in cielo...

(*Jack allunga una mano verso le tartine. Algernon interviene subito.*)

Per piacere, non toccare le tartine ai cetrioli. Le ho fatte fare apposta per la zia Augusta.

(*Ne prende una e la mangia.*)

JACK Beh, tu continui a mangiarle.

ALGERNON Questo è tutt'altro discorso. Io sono suo nipote.

(*Prende da sotto un altro vassoio.*)

Prendi un po' di pane e burro. Il pane e burro è per Gwendolen. Lei è molto sensibile al pane e burro.

JACK (*avvicinandosi alla tavola e servendosi*) Ed è un ottimo pane e burro, tra l'altro.

ALGERNON Comunque, carissimo, non c'è bisogno che te lo mangi tutto. Ti stai comportando come se fossi già sposato. E invece non lo sei, e credo anzi che non lo sarai mai.

JACK E perché dici questo?

ALGERNON Beh, in primo luogo, perché nessuna ragazza sposa mai l'uomo con cui flirta. Non è considerato elegante.

JACK Oh, questa è una sciocchezza.

ALGERNON Non è vero. È una grande verità. E questo

extraordinary number of bachelors that one sees all over the place. In the second place, I don't give my consent.

JACK Your consent!

ALGERNON My dear fellow, Gwendolen is my first cousin. And before I allow you to marry her, you will have to clear up the whole question of Cecily. (*Rings bell.*)

JACK Cecily! What on earth do you mean? What do you mean, Algy, by Cecily! I don't know any one of the name of Cecily.

Enter Lane.

ALGERNON Bring me that cigarette case Mr Worthing left in the smoking-room the last time he dined here.

LANE Yes, sir.

Lane goes out.

JACK Do you mean to say you have had my cigarette case all this time? I wish to goodness you had let me know. I have been writing frantic letters to Scotland Yard about it. I was very nearly offering a large reward.

ALGERNON Well, I wish you would offer one. I happen to be more than usually hard up.

JACK There is no good offering a large reward now that the thing is found.

Enter Lane with the cigarette case on a salver. Algernon takes it at once. Lane goes out.

ALGERNON I think that is rather mean of you, Ernest, I must say. (*Opens case and examines it.*) However, it makes no matter, for, now that I look at the inscription inside, I find that the thing isn't yours after all.

JACK Of course it's mine. (*Moving to him.*) You have seen me with it a hundred times, and you have no right whatsoever

spiega l'enorme quantità di scapoli che si trovano in giro. In secondo luogo, io non ho nessuna intenzione di dare il mio consenso.

JACK Il tuo consenso?!

ALGERNON Amico mio, Gwendolen è mia prima cugina. E prima che io ti permetta di sposarla, tu dovrai spiegarmi tutta la questione di Cecily.

(*Suona il campanello.*)

JACK Cecily?! Che cosa diavolo vuoi dire? Cosa intendi dire, Algernon, con Cecily? Io non conosco nessuna Cecily.

(*Entra Lane.*)

ALGERNON Lane, portami quel portasigarette che il signor Worthing ha dimenticato nel *fumoir* l'ultima volta che è stato qui a pranzo.

LANE Sì, signore.

(*Lane esce.*)

JACK Sarebbe a dire che ti sei tenuto il mio portasigarette tutto questo tempo? E non potevi farmelo sapere? Ho scritto lettere colme d'angoscia perfino a Scotland Yard. Stavo quasi per offrire una lauta ricompensa.

ALGERNON Beh, potresti offrirla a me. Si dà il caso che io sia messo peggio del solito.

JACK Non ha nessun senso offrire una ricompensa ora che la cosa è stata ritrovata.

(*Entra Lane con il portasigarette su un vassoio. Algernon lo prende in fretta. Lane esce.*)

ALGERNON Alquanto meschino da parte tua, Ernest, devo dire.

(*Apre il portasigarette e lo esamina.*)

Comunque non ha importanza; perché, ora che leggo quel che c'è scritto dentro, devo dire che il portasigarette non è tuo.

JACK Ma certo che è mio.

(*Gli si avvicina.*)

Tu me l'hai visto in mano cento volte, e non hai nessun diritto al mondo di leggere quel che c'è scritto den-

to read what is written inside. It is a very ungentlemanly thing to read a private cigarette case.

ALGERNON Oh! it is absurd to have a hard and fast rule about what one should read and what one shouldn't. More than half of modern culture depends on what one shouldn't read.

JACK I am quite aware of the fact, and I don't propose to discuss modern culture. It isn't the sort of thing one should talk of in private. I simply want my cigarette case back.

ALGERNON Yes; but this isn't your cigarette case. This cigarette case is a present from some one of the name of Cecily, and you said you didn't know any one of that name.

JACK Well, if you want to know, Cecily happens to be my aunt.

ALGERNON Your aunt!

JACK Yes. Charming old lady she is, too. Lives at Tunbridge Wells. Just give it back to me, Algy.

ALGERNON (*retreating to back of sofa*) But why does she call herself little Cecily if she is your aunt and lives at Tunbridge Wells? (*Reading.*) 'From little Cecily with her fondest love.'

JACK (*moving to sofa and kneeling upon it*) My dear fellow, what on earth is there in that? Some aunts are tall, some aunts are not tall. That is a matter that surely an aunt may be allowed to decide for herself. You seem to think that every aunt should be exactly like your aunt! That is absurd! For Heaven's sake give me back my cigarette case.

Follows Algernon round the room.

ALGERNON Yes. But why does your aunt call you her uncle? 'From little Cecily, with her fondest love to her dear Uncle Jack.' There is no objection, I admit, to an aunt being a small aunt, but why an aunt, no matter what her size

tro. È veramente indegno di un gentiluomo leggere i portasigarette altrui.

ALGERNON Oh!, è assurdo definire con regole precise quel che si deve leggere o no. Più della metà della cultura moderna si fonda su quel che non si dovrebbe leggere.

JACK Me ne rendo perfettamente conto, ma non intendo approfondire i problemi della cultura moderna. Non è cosa di cui si possa parlare in privato. Voglio soltanto che tu mi ridia il mio portasigarette.

ALGERNON Sì, ma questo non è il tuo portasigarette. Questo portasigarette è stato regalato da qualcuno di nome Cecily, e tu m'hai detto che non conosci nessuno che si chiami così.

JACK Beh, se proprio vuoi saperlo, si dà il caso che Cecily sia mia zia.

ALGERNON Tua zia!

JACK Sì. Una cara vecchietta, tra l'altro. Che vive a Tunbridge Wells. E adesso dammelo, Algernon.

ALGERNON (*ritirandosi dietro il divano*) E perché si firma la piccola Cecily, dal momento che è tua zia e che vive a Tunbridge Wells?

(*Leggendo:*)

«Dalla piccola Cecily con tutto il suo affetto».

JACK (*avvicinandosi al divano e inginocchiandovisi*) Amico mio, si può sapere che cosa c'è di strano? Esistono delle zie di grande statura, e altre di piccola statura. Certamente ogni zia ha il diritto di scegliere se essere grande o piccola. Secondo te ogni zia dovrebbe essere esattamente come la tua! È assurdo! Per amor del cielo, ridammi il mio portasigarette!

(*Insegue Algernon per la stanza.*)

ALGERNON Va bene. Ma perché ti chiama suo zio? «Dalla piccola Cecily con tutto il suo affetto al caro zio Jack.» Non c'è niente da obiettare, lo ammetto, all'idea di una zia di piccola statura; ma perché una zia,

may be, should call her own nephew her uncle, I can't quite make out. Besides, your name isn't Jack at all; it is Ernest.

JACK It isn't Ernest; it's Jack.

ALGERNON You have always told me it was Ernest. I have introduced you to every one as Ernest. You answer to the name of Ernest. You look as if your name was Ernest. You are the most earnest-looking person I ever saw in my life. It is perfectly absurd your saying that your name isn't Ernest. It's on your cards. Here is one of them. (*Taking it from case.*) 'Mr Ernest Worthing, B. 4, The Albany.' I'll keep this as a proof that your name is Ernest if ever you attempt to deny it to me, or to Gwendolen, or to any one else.

(*Puts the card in his pocket.*)

JACK Well, my name is Ernest in town and Jack in the country, and the cigarette case was given to me in the country.

ALGERNON Yes, but that does not account for the fact that your small Aunt Cecily, who lives at Tunbridge Wells, calls you her dear uncle. Come, old boy, you had much better have the thing out at once.

JACK My dear Algy, you talk exactly as if you were a dentist. It is very vulgar to talk like a dentist when one isn't a dentist. It produces a false impression.

ALGERNON Well, that is exactly what dentists always do. Now, go on! Tell me the whole thing. I may mention that I have always suspected you of being a confirmed and secret Bunburyist; and I am quite sure of it now.

JACK Bunburyist? What on earth do you mean by a Bunburyist?

ALGERNON I'll reveal to you the meaning of that incomparable

quale che siano le sue dimensioni, debba chiamare zio suo nipote, questo faccio fatica a capirlo. E oltre tutto, il tuo nome non è affatto Jack: tu ti chiami Ernest.

JACK Io non mi chiamo Ernest: mi chiamo Jack.

ALGERNON Mi hai sempre detto di chiamarti Ernest. Io ti ho sempre presentato a tutti come Ernest. Tu rispondi al nome di Ernest. Tu sei la persona dall'aspetto più rispettabilmente e onestamente Ernest che io abbia mai visto in vita mia. È semplicemente assurdo da parte tua negare di chiamarti Ernest. C'è scritto anche sui tuoi biglietti da visita. Eccone qui uno.

(*Tira fuori un biglietto da visita da una scatola.*)

«Mister Ernest Worthing, B.4, Albany Street.» Lo conserverò accuratamente, come prova del fatto che tu ti chiami Ernest, nel caso tu ti azzardassi a negarlo, a me, o a Gwendolen, o a chiunque altro.

(*Si mette il biglietto in tasca.*)

JACK Va bene: io mi chiamo Ernest in città e Jack in campagna, e quel portasigarette mi è stato regalato in campagna.

ALGERNON Sì, ma questo ancora non spiega perché la tua piccola zia Cecily, che vive a Tunbridge Wells ti chiami il suo caro zio. Su, ragazzo mio, meglio per te sputar fuori subito tutto.

JACK Mio caro Algernon, stai parlando esattamente come un dentista. Ed è abbastanza volgare parlare come un dentista senza esserlo affatto. Può creare una falsa impressione.

ALGERNON Beh, è proprio quel che fan sempre i dentisti. Ma adesso, su! Raccontami tutto. Ti dirò anzi che io ho sempre sospettato che tu fossi un perfetto e incallito bunburista occulto.

JACK Un bunburista? Che cosa diavolo sarebbe un bunburista?

ALGERNON Ti sarà rivelato il significato di questa incom-

expression as soon as you are kind enough to inform me why you are Ernest in town and Jack in the country.

JACK Well, produce my cigarette case first.

ALGERNON Here it is. (*Hands cigarette case.*) Now produce your explanation, and pray make it improbable.

Sits on sofa.

JACK My dear fellow, there is nothing improbable about my explanation at all. In fact it's perfectly ordinary. Old Mr Thomas Cardew, who adopted me when I was a little boy, made me in his will guardian to his grand-daughter, Miss Cecily Cardew. Cecily, who addresses me as her uncle from motives of respect that you could not possibly appreciate, lives at my place in the country under the charge of her admirable governess, Miss Prism.

ALGERNON Where is that place in the country, by the way?

JACK That is nothing to you, dear boy. You are not going to be invited.... I may tell you candidly that the place is not in Shropshire.

ALGERNON I suspected that, my dear fellow! I have Bunburyed all over Shropshire on two separate occasions. Now, go on. Why are you Ernest in town and Jack in the country?

JACK My dear Algy, I don't know whether you will be able to understand my real motives. You are hardly serious enough. When one is placed in the position of guardian, one has to adopt a very high moral tone on all subjects. It's one's duty to do so. And as a high moral tone can hardly be said to conduce very much to either one's health or one's happiness, in order to get up to town I have always pretended to have a younger brother of the name of Ernest, who lives in the

parabile espressione non appena avrai avuto la bontà di informarmi sul perché ti chiami Ernest in città e Jack in campagna.

JACK Va bene: comincia col ridarmi il mio portasigarette.

ALGERNON Eccolo qua.

(*Gli porge il portasigarette.*)

E adesso tira fuori la tua spiegazione, e — per piacere — che sia il meno convincente possibile!

(*Si siede sul divano.*)

JACK Mio caro amico, non c'è niente di men che convincente nella mia spiegazione. Che è anzi assolutamente banale. Il vecchio Thomas Cardew, che mi ha adottato da piccolo, mi ha nominato nel suo testamento tutore di una sua nipote, la signorina Cecily Cardew. Cecily, che si rivolge a me chiamandomi zio, per un senso di rispetto che tu non sei assolutamente in grado di apprezzare, vive in una mia casa di campagna, affidata alle cure di una certa Miss Prism, sua stimata istitutrice.

ALGERNON E dove sarebbe questa tua casa di campagna?

JACK Questo non ti interessa, mio caro ragazzo. Tanto non sarai mai invitato... Posso comunque assicurarti che non è nello Shropshire.

ALGERNON Lo sospettavo! Ho fatto del bunburismo in giro per tutto lo Shropshire in due diverse occasioni. Comunque, va' avanti. Perché ti chiami Ernest in città e Jack in campagna?

JACK Mio caro Algernon, non so se sarai in grado di comprendere le mie vere ragioni. Non mi pare che tu sia abbastanza serio per questo. Quando un uomo viene a trovarsi nel ruolo di tutore, deve adottare di fronte a coloro che gli sono sottoposti un tono di elevata moralità. È questo il suo dovere. Ma dal momento che un tono di elevata moralità raramente risulta giovevole per la salute o per la felicità dell'interessato, onde potermi recare in città ho fatto finta di avere un fratello minore, di nome Ernest, che abita appunto in Al-

Albany, and gets into the most dreadful scrapes. That, my dear Algy, is the whole truth pure and simple.

ALGERNON The truth is rarely pure and never simple. Modern life would be very tedious if it were either, and modern literature a complete impossibility!

JACK That wouldn't be at all a bad thing.

ALGERNON Literary criticism is not your forte, my dear fellow. Don't try it. You should leave that to people who haven't been at a University. They do it so well in the daily papers. What you really are is a Bunburyist. I was quite right in saying you were a Bunburyist. You are one of the most advanced Bunburyists I know.

JACK What on earth do you mean?

ALGERNON You have invented a very useful younger brother called Ernest, in order that you may be able to come up to town as often as you like. I have invented an invaluable permanent invalid called Bunbury, in order that I may be able to go down into the country whenever I choose. Bunbury is perfectly invaluable. If it wasn't for Bunbury's extraordinary bad health, for instance, I wouldn't be able to dine with you at Willis's to-night, for I have been really engaged to Aunt Augusta for more than a week.

JACK I haven't asked you to dine with me anywhere to-night.

ALGERNON I know. You are absurdly careless about sending out invitations. It is very foolish of you. Nothing annoys people so much as not receiving invitations.

JACK You had much better dine with your Aunt Augusta.

ALGERNON I haven't the smallest intention of doing anything of the kind. To begin with, I dined there on Monday, and once a week is quite enough to dine with one's own relations. In the second place, whenever I do dine there I am

bany Street, e che si caccia sempre nei più tremendi pasticci. Ecco, mio caro Algernon, la pura e semplice verità.

ALGERNON La verità è raramente pura e mai semplice. Se così non fosse, la vita moderna sarebbe molto noiosa, e la letteratura moderna assolutamente impossibile!

JACK Questo non sarebbe un gran male.

ALGERNON La critica letteraria non è il tuo forte, amico mio. Non provartici! Lasciala fare alla gente che non ha frequentato l'università. La fanno così bene loro, sui quotidiani! Tu sei un vero e proprio bunburista: questa è la realtà. E io avevo ragione a sospettarlo. Tu sei uno dei bunburisti più radicali e progrediti che io conosca.

JACK Si può sapere che cosa intendi dire?

ALGERNON Tu ti sei inventato un utilissimo fratello minore, in modo da poter venire in città tutte le volte che ti fa comodo. Io mi sono inventato un inestimabile amico infermo di nome Bunbury, onde poter andarmene in campagna ogniqualvolta ne ho voglia. Bunbury ha un valore inestimabile. Se non fosse per le sue pessime condizioni di salute, per esempio, io questa sera non potrei cenare con te da Willis's, perché già da più di una settimana ho un preciso impegno con la zia Augusta.

JACK Ma io stasera non t'ho invitato a cena da nessuna parte.

ALGERNON Lo so. Sei molto distratto con i tuoi inviti a cena. Ed è veramente folle da parte tua. Poche cose danno fastidio alla gente come il non ricevere un invito.

JACK Stasera è molto meglio che tu vada a cena da tua zia Augusta.

ALGERNON Non ho nessuna intenzione di far niente del genere. Tanto per cominciare, sono stato a cena da lei lunedì scorso, e una cena alla settimana con i propri parenti è più che sufficiente. In secondo luogo, a casa

always treated as a member of the family, and sent down with either no woman at all, or two. In the third place, I know perfectly well whom she will place me next to, to-night. She will place me next to Mary Farquhar, who always flirts with her own husband across the dinner-table. That is not very pleasant. Indeed, it is not even decent . . . and that sort of thing is enormously on the increase. The amount of women in London who flirt with their own husbands is perfectly scandalous. It looks so bad. It is simply washing one's clean linen in public. Besides, now that I know you to be a confirmed Bunburyist I naturally want to talk to you about Bunburying. I want to tell you the rules.

JACK I'm not a Bunburyist at all. If Gwendolen accepts me, I am going to kill my brother, indeed I think I'll kill him in any case. Cecily is a little too much interested in him. It is rather a bore. So I am going to get rid of Ernest. And I strongly advise you to do the same with Mr. . . . with your invalid friend who has the absurd name.

ALGERNON Nothing will induce me to part with Bunbury, and if you ever get married, which seems to me extremely problematic, you will be very glad to know Bunbury. A man who marries without knowing Bunbury has a very tedious time of it.

JACK That is nonsense. If I marry a charming girl like Gwendolen, and she is the only girl I ever saw in my life that I would marry, I certainly won't want to know Bunbury.

ALGERNON Then your wife will. You don't seem to realise, that in married life three is company and two is none.

JACK (*sententiously*) That, my dear young friend, is the theory

di mia zia sono sempre trattato come uno della famiglia, e ficcato a tavola o con due donne o senza neanche una. In terzo luogo, so già a chi mi metterebbe vicino questa sera. Mi metterebbe vicino a Mary Farquhar, che non fa altro che flirtare con suo marito dall'altra parte del tavolo. Il che è piuttosto seccante. E anche un po' indecente, direi... E una cosa, per giunta, in continuo aumento. La quantità di donne, a Londra, che flirtano col loro marito è un vero e proprio scandalo. Una cosa di pessimo gusto. È come lavare i panni sporchi in pubblico. E poi, ora che so che sei anche tu un incallito bunburista mi fa piacere discutere con te di bunburismo. Voglio dirti quali sono le regole.

JACK Io non sono affatto un bunburista. Se Gwendolen mi dice di sì, ho intenzione di uccidere mio fratello, credo anzi che lo ucciderò in ogni caso. Cecily se ne mostra un po' troppo interessata. Il che è seccante. Così mi libero di questo Ernest, e ti consiglio anzi fermamente di fare altrettanto con quel signor... con quel tuo amico infermo dal nome assurdo.

ALGERNON Nulla al mondo mi indurrà a separarmi da Bunbury; e se a te capiterà mai di sposarti, cosa che mi sembra oltremodo problematica, sarai molto contento di conoscere Bunbury anche tu. Un uomo che si sposa senza trovarsi un Bunbury come amico è destinato ad annoiarsi profondamente.

JACK Questa è una sciocchezza. Se sposerò quella deliziosa fanciulla che è Gwendolen, che è poi l'unica donna che io sia disposto a sposare tra quante ne ho viste in vita mia, non avrò nessun bisogno di trovarmi un Bunbury.

ALGERNON E allora se lo troverà tua moglie. Sembra che tu non ti renda conto che nella vita coniugale due è il deserto e tre è il numero perfetto.

JACK (*sentenzioso*) Questa, mio caro, è la tesi che il cor-

that the corrupt French Drama has been propounding for the last fifty years.

ALGERNON Yes; and that the happy English home has proved in half the time.

JACK For heaven's sake, don't try to be cynical. It's perfectly easy to be cynical.

ALGERNON My dear fellow, it isn't easy to be anything nowadays. There's such a lot of beastly competition about.

The sound of an electric bell is heard.

Ah! that must be Aunt Augusta. Only relatives, or creditors, ever ring in that Wagnerian manner. Now, if I get her out of the way for ten minutes, so that you can have an opportunity for proposing to Gwendolen, may I dine with you tonight at Willis's?

JACK I suppose so, if you want to.

ALGERNON Yes, but you must be serious about it. I hate people who are not serious about meals. It is so shallow of them.

Enter Lane.

LANE Lady Bracknell and Miss Fairfax.

Algernon goes forward to meet them. Enter Lady Bracknell and Gwendolen.

LADY BRACKNELL Good afternoon, dear Algernon, I hope you are behaving very well.

ALGERNON I'm feeling very well, Aunt Augusta.

LADY BRACKNELL That's not quite the same thing. In fact the two things rarely go together.

Sees Jack and bows to him with icy coldness.

ALGERNON (*To Gwendolen*) Dear me, you are smart!

GWENDOLEN I am always smart! Am I not, Mr Worthing?

JACK You're quite perfect, Miss Fairfax.

GWENDOLEN Oh! I hope I am not that. It would leave no room for developments, and I intend to develop in many directions.

rotto teatro francese ha propugnato per gli ultimi cinquant'anni.

ALGERNON Sì; e che la bella famiglia inglese ha dimostrato vera in molto meno tempo.

JACK Per l'amor del cielo, non metterti a fare il cinico. È troppo facile.

ALGERNON Mio caro, al giorno d'oggi non è facile niente. C'è troppa concorrenza dappertutto.

(*Si sente il suono di un campanello elettrico.*)

Ah, questa deve essere la zia Augusta! Soltanto i parenti, o i creditori, suonano in modo così wagneriano. Senti: se te la tolgo dai piedi per dieci minuti, in modo che tu possa fare la tua dichiarazione a Gwendolen, mi inviti a cena per questa sera da Willis's?

JACK Direi di sì, se proprio ci tieni.

ALGERNON Sì, ma guarda che è una cosa seria. Odio la gente che non prende sul serio le cene. È una leggerezza eccessiva.

(*Entra Lane.*)

LANE Lady Bracknell e la signorina Fairfax.

(*Algernon si fa avanti a incontrarle. Entrano Lady Bracknell e Gwendolen.*)

LADY BRACKNELL Buon giorno, caro Algernon. Posso sapere come ti comporti? Bene, spero.

ALGERNON In effetti sto molto bene, grazie, zia Augusta.

LADY BRACKNELL Non è esattamente la stessa cosa. Anzi, le due cose raramente vanno assieme.

(*Vede Jack e gli fa un cenno del capo con glaciale freddezza.*)

ALGERNON (*a Gwendolen*) Accidenti, come sei elegante!

GWENDOLEN Io sono sempre elegante! Non è vero, signor Worthing?

JACK Lei è assolutamente perfetta, signorina Fairfax.

GWENDOLEN Oh, spero proprio di no! Non mi lascerebbe nessun margine di miglioramento, e io intendo invece migliorare in molte direzioni.

Gwendolen and Jack sit down together in the corner.

LADY BRACKNELL I'm sorry if we are a little late, Algernon, but I was obliged to call on dear Lady Harbury. I hadn't been there since her poor husband's death. I never saw a woman so altered; she looks quite twenty years younger. And now I'll have a cup of tea, and one of those nice cucumber sandwiches you promised me.

ALGERNON Certainly, Aunt Augusta.

Goes over to tea-table.

LADY BRACKNELL Won't you come and sit here, Gwendolen?

GWENDOLEN Thanks, mamma, I'm quite comfortable where I am.

ALGERNON (*picking up empty plate in horror*) Good heavens! Lane! Why are there no cucumber sandwiches? I ordered them specially.

LANE (*gravely*) There were no cucumbers in the market this morning, sir. I went down twice.

ALGERNON No cucumbers!

LANE No, sir. Not even for ready money.

ALGERNON That will do, Lane, thank you.

LANE Thank you, sir.

Goes out.

ALGERNON I am greatly distressed, Aunt Augusta, about there being no cucumbers, not even for ready money.

LADY BRACKNELL It really makes no matter, Algernon. I had some crumpets with Lady Harbury, who seems to me to be living entirely for pleasure now.

ALGERNON I hear her hair has turned quite gold from grief.

LADY BRACKNELL It certainly has changed its colour. From what cause I, of course, cannot say.

(*Gwendolen e Jack siedono l'uno accanto all'altra in un angolo.*)

LADY BRACKNELL Siamo arrivate un po' in ritardo, Algernon, mi dispiace, ma non ho potuto fare a meno di andare a trovare la cara Lady Harbury. Non andavo da lei dalla morte del suo povero marito. Mai visto una donna così profondamente mutata: sembra ringiovanita di vent'anni almeno. E adesso gradirei proprio una tazza di tè, e un paio di quelle belle tartine ai cetrioli che mi hai promesso.

ALGERNON Ma certo, zia Augusta.

(*Si avvicina al tavolino da tè.*)

LADY BRACKNELL Non vuoi venire a sederti qui, Gwendolen?

GWENDOLEN No grazie, mamma, sto benissimo dove sono.

ALGERNON (*prendendo su un piatto vuoto, con orrore*) Dio del cielo! Lane! Come mai non ci sono tartine ai cetrioli? Le avevo ordinate espressamente.

LANE (*con gravità*) Niente cetrioli stamattina al mercato, signore. Mi ci sono recato due volte.

ALGERNON E niente cetrioli!

LANE No, signore. Neppure a pagarli in contanti.

ALGERNON Basta così, Lane, grazie.

LANE Grazie a lei, signore.

(*Esce.*)

ALGERNON Sono profondamente desolato, zia Augusta, da questa mancanza di cetrioli, anche a pagarli in contanti.

LADY BRACKNELL Non ha nessuna importanza, Algernon. Ho mangiato dei biscottini da Lady Harbury, che ora mi dà l'idea di aver dedicato la vita interamente ai piaceri terreni.

ALGERNON Mi dicono che i capelli le sono diventati biondo oro dal dolore.

LADY BRACKNELL Il colore non è certo più quello di prima. La ragione, naturalmente, non la conosco.

Algernon crosses and hands tea.

Thank you. I've quite a treat for you to-night, Algernon. I am going to send you down with Mary Farquhar. She is such a nice woman, and so attentive to her husband. It's delightful to watch them.

ALGERNON I am afraid, Aunt Augusta, I shall have to give up the pleasure of dining with you to-night after all.

LADY BRACKNELL (*frowning*) I hope not, Algernon. It would put my table completely out. Your uncle would have to dine upstairs. Fortunately he is accustomed to that.

ALGERNON It is a great bore, and, I need hardly say, a terrible disappointment to me, but the fact is I have just had a telegram to say that my poor friend Bunbury is very ill again. (*Exchanges glances with Jack.*) They seem to think I should be with him.

LADY BRACKNELL It is very strange. This Mr Bunbury seems to suffer from curiously bad health.

ALGERNON Yes; poor Bunbury is a dreadful invalid.

LADY BRACKNELL Well, I must say, Algernon, that I think it is high time that Mr Bunbury made up his mind whether he was going to live or die. This shilly-shallying with the question is absurd. Nor do I in any way approve of the modern sympathy with invalids. I consider it morbid. Illness of any kind is hardly a thing to be encouraged in others. Health is the primary duty of life. I am always telling that to your poor uncle, but he never seems to take much notice . . . as far as any improvement in his ailment goes. I should be much obliged if you would ask Mr Bunbury, from me, to be kind

(*Algernon le si avvicina e le porge una tazza di tè.*)
Grazie. Una grande occasione per te, Algernon, questa sera. Ti ho messo accanto a Mary Farquhar. È una donna così simpatica, così premurosa con suo marito! È una delizia vederli.

ALGERNON Temo, zia Augusta, che dovrò rinunciare al piacere di cenare con te questa sera.

LADY BRACKNELL (*corrucciandosi*) Spero proprio di no, Algernon. Mi rovinerebbe completamente i posti a tavola. Tuo zio dovrebbe andare a cenare di sopra. Per fortuna c'è abituato.

ALGERNON È un vero fastidio; e per me, non occorre certo che lo dica, una terribile delusione, ma il fatto è che ho appena ricevuto un telegramma con cui mi si comunica che il mio povero amico Bunbury si è di nuovo aggravato.
(*Scambio di occhiate con Jack.*)
Pare proprio che debba andare da lui.

LADY BRACKNELL È molto strano. Questo signor Bunbury sembra soffrire di una curiosa forma di pessima salute.

ALGERNON Sì, il povero Bunbury è terribilmente invalido.

LADY BRACKNELL Beh, Algernon, devo dire una cosa: io penso che sia ora che questo signor Bunbury si decida una buona volta se intende vivere o morire. Questo continuo tenere il piede in due scarpe è veramente assurdo. Io, poi, non approvo neanche tutta questa simpatia del giorno d'oggi per gli invalidi. Ci sento qualcosa di morboso. Le malattie, di qualsiasi genere esse siano, non vanno assolutamente incoraggiate. La buona salute è uno dei doveri fondamentali della vita. Non faccio che dirglielo, al tuo povero zio, ma lui non mi dà mai retta... a giudicare almeno dall'andamento dei suoi acciacchi. Ti sarei molto grata se tu potessi chiedere al signor Bunbury, da parte mia, di voler es-

enough not to have a relapse on Saturday, for I rely on you to arrange my music for me. It is my last reception, and one wants something that will encourage conversation, particularly at the end of the season when every one has practically said whatever they had to say, which, in most cases, was probably not much.

ALGERNON I'll speak to Bunbury, Aunt Augusta, if he is still conscious, and I think I can promise you he'll be all right by Saturday. Of course the music is a great difficulty. You see, if one plays good music, people don't listen, and if one plays bad music people don't talk. But I'll run over the programme I've drawn out, if you will kindly come into the next room for a moment.

LADY BRACKNELL Thank you, Algernon. It is very thoughtful of you. (*Rising, and following Algernon.*) I'm sure the programme will be delightful, after a few expurgations. French songs I cannot possibly allow. People always seem to think that they are improper, and either look shocked, which is vulgar, or laugh, which is worse. But German sounds a thoroughly respectable language, and indeed, I believe is so. Gwendolen, you will accompany me.

GWENDOLEN Certainly, mamma.

Lady Bracknell and Algernon go into the music-room; Gwendolen remains behind.

JACK Charming day it has been, Miss Fairfax.

GWENDOLEN Pray don't talk to me about the weather, Mr Worthing. Whenever people talk to me about the weather, I always feel quite certain that they mean something else. And that makes me so nervous.

JACK I do mean something else.

GWENDOLEN I thought so. In fact, I am never wrong.

JACK And I would like to be allowed to take advantage of Lady Bracknell's temporary absence . . .

sere tanto gentile da non incorrere in una ricaduta sabato prossimo, perché ho bisogno di te per il mio concerto. È il mio ultimo ricevimento, e mi occorre qualcosa che incoraggi la conversazione, visto soprattutto che siamo alla fine della stagione, quando ciascuno ha ormai detto tutto quel che aveva da dire, il che, per lo più, non era poi molto.

ALGERNON Parlerò a Bunbury, zia Augusta, nella speranza che sia ancora in sé, e penso di poterti assicurare che per sabato prossimo starà bene. Naturalmente il concerto presenta grandi difficoltà. Vedi: se uno suona della buona musica, la gente non ascolta, se suona musica cattiva la gente non parla. Ma ti farò vedere il programma che ho preparato, se hai la bontà di seguirmi di là per qualche istante.

LADY BRACKNELL Grazie, Algernon. Sei molto gentile.
(*Alzandosi e seguendo Algernon.*)
Sono certa che il programma sarà delizioso, dopo qualche piccolo emendamento. Quelle che non posso permetterti sono le canzoni francesi. La gente pensa sempre che siano cose spinte, e o fanno la faccia scandalizzata, il che è volgare, oppure ridono, il che è ancora peggio. Il tedesco invece arriva alle orecchie come una lingua assolutamente rispettabile, e io credo infatti che lo sia davvero. Gwendolen, ti prego, seguimi.

GWENDOLEN Subito, mammà.

(*Lady Bracknell e Algernon escono verso la sala da musica, Gwendolen rimane indietro.*)

JACK Deliziosa giornata, vero, signorina Fairfax?

GWENDOLEN La prego di non parlarmi del tempo, signor Worthing. Ogniqualvolta qualcuno mi parla del tempo, ho sempre la precisa sensazione che intenda parlare d'altro. E questo mi rende molto nervosa.

JACK Io intendo in effetti parlare d'altro.

GWENDOLEN Lo sapevo. Non mi sbaglio mai.

JACK E vorrei anzi mi si concedesse di approfittare della temporanea assenza di Lady Bracknell...

GWENDOLEN I would certainly advise you to do so. Mamma has a way of coming back suddenly into a room that I have often had to speak to her about.

JACK (*nervously*) Miss Fairfax, ever since I met you I have admired you more than any girl... I have ever met since... I met you.

GWENDOLEN Yes, I am quite well aware of the fact. And I often wish that in public, at any rate, you had been more demonstrative. For me you have always had an irresistible fascination. Even before I met you I was far from indifferent to you.

Jack looks at her in amazement.

We live, as I hope you know, Mr Worthing, in an age of ideals. The fact is constantly mentioned in the more expensive monthly magazines, and has reached the provincial pulpits, I am told; and my ideal has always been to love some one of the name of Ernest. There is something in that name that inspires absolute confidence. The moment Algernon first mentioned to me that he had a friend called Ernest, I knew I was destined to love you.

JACK You really love me, Gwendolen?

GWENDOLEN Passionately!

JACK Darling! You don't know how happy you've made me.

GWENDOLEN My own Ernest!

JACK But you don't really mean to say that you couldn't love me if my name wasn't Ernest?

GWENDOLEN But your name is Ernest.

JACK Yes, I know it is. But supposing it was something else? Do you mean to say you couldn't love me then?

GWENDOLEN (*glibly*) Ah! that is clearly a metaphysical speculation, and like most metaphysical speculations has very little reference at all to the actual facts of real life, as we know them.

JACK Personally, darling, to speak quite candidly, I don't

GWENDOLEN Io le consiglierei di approfittarne senz'altro. Mammà ha un suo modo così improvviso di rientrare in una stanza che spesso ho dovuto farglielo notare.

JACK (*nervosamente*) Signorina Fairfax, sin da quando l'ho incontrata io ho nutrito per lei un'ammirazione superiore a quella per qualsiasi altra donna... che io abbia mai incontrata da quando... ho incontrato lei.

GWENDOLEN Sì, me ne rendo perfettamente conto. E vorrei tanto che se non altro in pubblico lei lo dimostrasse un po' di più. Lei ha sempre esercitato su di me un fascino irresistibile. Ancora prima che ci conoscessimo io ero tutt'altro che indifferente nei suoi riguardi.

(*Jack la guarda stupefatto.*)

Noi viviamo, come spero lei sappia, signor Worthing, in un'epoca di grandi ideali. Se ne parla costantemente nelle riviste mensili più costose, e la cosa, a quanto mi si dice, ha raggiunto addirittura anche i pulpiti di provincia; ora, il mio ideale è sempre stato quello di amare una persona che si chiamasse Ernest. C'è qualcosa in questo nome che ispira una assoluta fiducia. Nel preciso istante in cui Algernon mi ha accennato di avere un amico di nome Ernest, io ho saputo che ero destinata ad amarlo.

JACK Tu davvero mi ami, Gwendolen?

GWENDOLEN Appassionatamente!

JACK Tesoro! Non sai quanto mi fai felice!

GWENDOLEN Ernest! Mio Ernest!

JACK Ma non vorrai dire che davvero non potresti amarmi se non mi chiamassi Ernest.

GWENDOLEN Ma tu ti chiami Ernest.

JACK Sì, lo so. Ma supponiamo che il mio nome fosse un altro. Vuoi dire che in quel caso non potresti amarmi?

GWENDOLEN (*leggera*) Ah, ma questa è chiaramente una speculazione metafisica, e come quasi tutte le speculazioni metafisiche ha ben poco a che fare con i fatti concreti della vita reale, quali li conosciamo.

JACK Personalmente, tesoro, in tutta franchezza, non è

much care about the name of Ernest.... I don't think the name suits me at all.

GWENDOLEN It suits you perfectly. It is a divine name. It has music of its own. It produces vibrations.

JACK Well, really, Gwendolen, I must say that I think there are lots of other much nicer names. I think Jack, for instance, a charming name.

GWENDOLEN Jack?... No, there is very little music in the name Jack, if any at all, indeed. It does not thrill. It produces absolutely no vibrations.... I have known several Jacks, and they all, without exception, were more than usually plain. Besides, Jack is a notorious domesticity for John! And I pity any woman who is married to a man called John. She would probably never be allowed to know the entrancing pleasure of a single moment's solitude. The only really safe name is Ernest.

JACK Gwendolen, I must get christened at once – I mean we must get married at once. There is no time to be lost.

GWENDOLEN Married, Mr Worthing?

JACK (*astounded*) Well... surely. You know that I love you, and you led me to believe, Miss Fairfax, that you were not absolutely indifferent to me.

GWENDOLEN I adore you. But you haven't proposed to me yet. Nothing has been said at all about marriage. The subject has not even been touched on.

JACK Well... may I propose to you now?

GWENDOLEN I think it would be an admirable opportunity. And to spare you any possible disappointment, Mr Worthing, I think it only fair to tell you quite frankly beforehand that I am fully determined to accept you.

JACK Gwendolen!

GWENDOLEN Yes, Mr Worthing, what have you got to say to me?

JACK You know what I have got to say to you.

che il nome Ernest mi entusiasmi più che tanto... Credo anzi che non mi stia affatto bene.

GWENDOLEN Ti sta benissimo. È un nome divino. Ha una musica tutta sua. Produce delle vibrazioni.

JACK Beh, insomma, Gwendolen, mi pare che esistono un sacco di nomi molto più belli. Jack, per esempio, io lo trovo affascinante.

GWENDOLEN Jack?... No, c'è pochissima musica nel nome Jack, ammesso anzi che ce ne sia. Non è per niente eccitante. Non produce assolutamente nessuna vibrazione... Ho conosciuto parecchi Jack, ed erano tutti, senza eccezione, particolarmente piatti. Oltre tutto, Jack è notoriamente un diminutivo di John! E una donna sposata a un uomo di nome John mi fa veramente pena. È una donna a cui probabilmente non sarà mai concesso il magico piacere di un solo istante di solitudine. L'unico nome veramente affidabile è Ernest.

JACK Gwendolen, devo farmi battezzare subito... Voglio dire: dobbiamo sposarci subito. Non c'è tempo da perdere.

GWENDOLEN Sposarci, signor Worthing?

JACK (*attonito*) Beh... si capisce. Lei sa che io l'amo, signorina Fairfax, e lei mi ha indotto a credere che io non le sono del tutto indifferente.

GWENDOLEN Io l'adoro. Ma lei non mi ha ancora fatta nessuna dichiarazione ufficiale. Non si è minimamente parlato di matrimonio. L'argomento non è stato neppure sfiorato.

JACK Beh... non potrei dichiararmi adesso?

GWENDOLEN Mi sembra l'occasione ideale. E per risparmiarle ogni possibile delusione, signor Worthing, mi sembra giusto dirle anticipatamente e in tutta franchezza che è mia ferma intenzione risponderle di sì.

JACK Gwendolen!

GWENDOLEN Sì, signor Worthing, che cos'ha da dirmi?

JACK Lei lo sa quel che ho da dirle.

GWENDOLEN Yes, but you don't say it.

JACK Gwendolen, will you marry me?

Goes on his knees.

GWENDOLEN Of course I will, darling. How long you have been about it! I am afraid you have had very little experience in how to propose.

JACK My own one, I have never loved any one in the world but you.

GWENDOLEN Yes, but men often propose for practice. I know my brother Gerald does. All my girl-friends tell me so. What wonderfully blue eyes you have, Ernest! They are quite, quite, blue. I hope you will always look at me just like that, especially when there are other people present.

Enter Lady Bracknell.

LADY BRACKNELL Mr Worthing! Rise, sir, from this semi-recumbent posture. It is most indecorous.

GWENDOLEN Mamma!

He tries to rise; she restrains him.

I must beg you to retire. This is no place for you. Besides, Mr Worthing has not quite finished yet.

LADY BRACKNELL Finished what, may I ask?

GWENDOLEN I am engaged to Mr Worthing, mamma.

They rise together.

LADY BRACKNELL Pardon me, you are not engaged to any one. When you do become engaged to some one, I, or your father, should his health permit him, will inform you of the fact. An engagement should come on a young girl as a surprise, pleasant or unpleasant, as the case may be. It is hardly a matter that she could be allowed to arrange for herself. ...And now I have a few questions to put to you, Mr

GWENDOLEN Sì, ma lei non me lo dice.

JACK Gwendolen, vuoi sposarmi?

(*Si inginocchia.*)

GWENDOLEN Ma certo che voglio sposarti, tesoro. Ma ce ne hai messo del tempo! Temo che tu abbia avuto molto poca esperienza in fatto di dichiarazioni.

JACK Amore mio, non ho mai amato nessuna all'infuori di te.

GWENDOLEN Sì, ma gli uomini spesso si esercitano a fare dichiarazioni. Mio fratello Gerald, per esempio, so che lo fa. Tutte le mie amiche me lo dicono. Che meravigliosi occhi azzurri, Ernest! Sono proprio, proprio azzurri. Spero che mi guarderai sempre così, anche in futuro, soprattutto in presenza degli altri.

(*Entra Lady Bracknell.*)

LADY BRACKNELL Signor Worthing! Si alzi immediatamente, signore, da questa posizione semi-bocconi, oltremodo indecorosa.

GWENDOLEN Mammà!

(*Jack tenta di rialzarsi; Gwendolen glielo impedisce.*)

Devo pregarti di lasciarci. Questo non è luogo per te. E oltre tutto, il signor Worthing non ha ancora finito.

LADY BRACKNELL Finito che cosa, se non sono indiscreta?

GWENDOLEN Mi sono fidanzata con il signor Worthing, mammà.

(*Si alzano insieme.*)

LADY BRACKNELL Chiedo scusa, tu non ti sei fidanzata con nessuno. Il giorno in cui questo accadrà, io, o tuo padre, la sua salute permettendoglielo, te ne metteremo immediatamente al corrente. Il fidanzamento dovrebbe giungere a una signorina come una sorpresa, gradevole o sgradevole a seconda dei casi. Ma è per certo cosa troppo importante perché le sia consentito occuparsene lei... Ed ora c'è qualche piccola domanda

Worthing. While I am making these inquiries, you, Gwendolen, will wait for me below in the carriage.

GWENDOLEN (*reproachfully*). Mamma!

LADY BRACKNELL In the carriage, Gwendolen!

Gwendolen goes to the door. She and Jack blow kisses to each other behind Lady Bracknell's back. Lady Bracknell looks vaguely about as if she could not understand what the noise was. Finally turns round.

Gwendolen, the carriage!

GWENDOLEN Yes, mamma.

Goes out, looking back at Jack.

LADY BRACKNELL (*sitting down*) You can take a seat, Mr Worthing.

Looks in her pocket for note-book and pencil.

JACK Thank you, Lady Bracknell, I prefer standing.

LADY BRACKNELL (*pencil and note-book in hand*) I feel bound to tell you that you are not down on my list of eligible young men, although I have the same list as the dear Duchess of Bolton has. We work together, in fact. However, I am quite ready to enter your name, should your answers be what a really affectionate mother requires. Do you smoke?

JACK Well, yes, I must admit I smoke.

LADY BRACKNELL I am glad to hear it. A man should always have an occupation of some kind. There are far too many idle men in London as it is. How old are you?

JACK Twenty-nine.

LADY BRACKNELL A very good age to be married at. I have always been of opinion that a man who desires to get married should know either everything or nothing. Which do you know?

JACK (*after some hesitation*) I know nothing, Lady Bracknell.

LADY BRACKNELL I am pleased to hear it. I do not approve of

che vorrei porle, signor Worthing. Mentre mi procuro queste informazioni, tu, Gwendolen, mi aspetterai qui fuori, in carrozza.

GWENDOLEN (*con tono di rimprovero*) Mammà!

LADY BRACKNELL In carrozza, Gwendolen!

(*Gwendolen va alla porta. Lei e Jack si mandano dei baci da lontano, dietro le spalle di Lady Bracknell. Lady Bracknell si guarda distrattamente intorno come se capisse di che rumori si tratta. Ma alla fine si volta.*)

Gwendolen, la carrozza!

GWENDOLEN Sì, mammà.

(*Esce, voltandosi a guardare Jack.*)

LADY BRACKNELL (*sedendo*) Si sieda pure, signor Worthing.

(*Cerca in tasca un notes e una matita.*)

JACK Grazie, Lady Bracknell, preferisco stare in piedi.

LADY BRACKNELL (*matita e notes tra le mani*) Mi sento in dovere di dirle, signor Worthing, che nel mio elenco di possibili generi, il suo nome non c'è, pur avendo io lo stesso elenco della cara duchessa di Bolton. Poiché infatti noi lavoriamo insieme. Tuttavia, sono ben disposta a includere anche lei, ove le sue risposte soddisfino le richieste di una madre sinceramente affezionata. Lei fuma?

JACK Beh, sì, devo ammettere che fumo.

LADY BRACKNELL Sono lieta di sentirglielo dire. Un uomo deve sempre avere una qualche occupazione. Ci sono già troppi fannulloni in giro per Londra. Quanti anni ha?

JACK Ventinove.

LADY BRACKNELL Un'ottima età per sposarsi. Sono sempre stata dell'opinione che un uomo che intenda sposarsi debba o sapere tutto o non sapere niente. Qual è il suo caso?

JACK (*dopo una certa esitazione*) Io non so niente, Lady Bracknell.

LADY BRACKNELL Sono felice di sentirglielo dire. Sono

anything that tampers with natural ignorance. Ignorance is like a delicate exotic fruit; touch it and the bloom is gone. The whole theory of modern education is radically unsound. Fortunately in England, at any rate, education produces no effect whatsoever. If it did, it would prove a serious danger to the upper classes, and probably lead to acts of violence in Grosvenor Square. What is your income?

JACK Between seven and eight thousand a year.

LADY BRACKNELL (*makes a note in her book*) In land, or in investments?

JACK In investments, chiefly.

LADY BRACKNELL That is satisfactory. What between the duties expected of one during one's lifetime, and the duties exacted from one after one's death, land has ceased to be either a profit or a pleasure. It gives one position, and prevents one from keeping it up. That's all that can be said about land.

JACK I have a country house with some land, of course, attached to it, about fifteen hundred acres, I believe; but I don't depend on that for my real income. In fact, as far as I can make out, the poachers are the only people who make anything out of it.

LADY BRACKNELL A country house! How many bedrooms? Well, that point can be cleared up afterwards. You have a town house, I hope? A girl with a simple, unspoiled nature, like Gwendolen, could hardly be expected to reside in the country.

JACK Well, I own a house in Belgrave Square, but it is let by the year to Lady Bloxham. Of course, I can get it back whenever I like, at six months' notice.

LADY BRACKNELL Lady Bloxham? I don't know her.

JACK Oh, she goes about very little. She is a lady considerably advanced in years.

molto contraria a tutto ciò che può interferire con una naturale ignoranza. L'ignoranza è come un delicato frutto esotico: come lo si tocca, il suo fascino è perduto. Le teorie educative del giorno d'oggi sono fondamentalmente assurde. In Inghilterra comunque, grazie a Dio, l'educazione non produce il minimo effetto. Non fosse così, ne deriverebbero gravi inconvenienti per le classi superiori, destinati probabilmente a sfociare in atti di violenza in Grosvenor Square. Qual è il suo reddito?

JACK Tra le sette e le ottomila sterline all'anno.

LADY BRACKNELL (*prende un appunto*) Proprietà terriere o titoli azionari?

JACK Titoli, più che altro.

LADY BRACKNELL Molto ben fatto. Tanto più che tra gli oneri cui va incontro il proprietario nel corso della sua vita e gli oneri imposti agli eredi dopo la sua morte, la terra non rappresenta più né un utile né un piacere. Dà una certa posizione sociale, ma impedisce di vivere all'altezza. Direi che sulla terra non c'è altro da dire.

JACK Posseggo una casa di campagna, compresa un po' di terra, naturalmente: circa mille e cinquecento ettari, credo. Ma non dipendo da questo per il mio reddito effettivo. In realtà, per quel che ne so, gli unici ai quali la mia terra rende qualcosa sono i bracconieri.

LADY BRACKNELL Una casa di campagna! Quante camere da letto? Beh, questo possiamo chiarirlo in un secondo tempo. Ha una casa anche in città, spero? Una ragazza d'animo così semplice, intatto, come Gwendolen, non può certo essere obbligata a vivere in campagna.

JACK Beh, ho una casa in Belgrave Square, affittata però a Lady Bloxham. Naturalmente posso riaverla quando credo, con sei mesi di preavviso.

LADY BRACKNELL Lady Bloxham? Non la conosco.

JACK Oh, va molto poco in giro. È una signora alquanto avanti con gli anni.

LADY BRACKNELL Ah, nowadays that is no guarantee of respectability of character. What number in Belgrave Square?

JACK 149.

LADY BRACKNELL (*shaking her head*) The unfashionable side. I thought there was something. However, that could easily be altered.

JACK Do you mean the fashion, or the side?

LADY BRACKNELL (*sternly*) Both, if necessary, I presume. What are your politics?

JACK Well, I am afraid I really have none. I am a Liberal Unionist.

LADY BRACKNELL Oh, they count as Tories. They dine with us. Or come in the evening, at any rate. Now to minor matters. Are your parents living?

JACK I have lost both my parents.

LADY BRACKNELL To lose one parent, Mr Worthing, may be regarded as a misfortune; to lose both looks like carelessness. Who was your father? He was evidently a man of some wealth. Was he born in what the Radical papers call the purple of commerce, or did he rise from the ranks of the aristocracy?

JACK I am afraid I really don't know. The fact is, Lady Bracknell, I said I had lost my parents. It would be nearer the truth to say that my parents seem to have lost me.... I don't actually know who I am by birth. I was... well, I was found.

LADY BRACKNELL Found!

JACK The late Mr Thomas Cardew, an old gentleman of a very charitable and kindly disposition, found me, and gave me the name of Worthing, because he happened to have a first-class ticket for Worthing in his pocket at the time. Worthing is a place in Sussex. It is a seaside resort.

LADY BRACKNELL Ah, al giorno d'oggi questo non offre nessuna garanzia di rispettabilità. Che numero di Belgrave Square?

JACK Centoquarantanove.

LADY BRACKNELL (*scuotendo la testa*) Dal lato fuori moda. Volevo ben dire che non ci fosse qualcosa. Comunque, questo lo si può anche cambiare.

JACK Intende dire la moda o l'ubicazione della casa?

LADY BRACKNELL (*serissimamente*) Ambedue, direi, se sarà il caso. Quali sono le sue idee in politica?

JACK Beh, temo proprio di non averne. Sono un reazionario progressista.

LADY BRACKNELL Oh, sono considerati conservatori. Ne abbiamo spesso a cena. O dopo cena, comunque. E adesso, qualche dettaglio di minor conto. I suoi genitori vivono ancora?

JACK Li ho persi tutti e due.

LADY BRACKNELL Perdere un genitore, signor Worthing, può essere considerata una disgrazia; perderli tutti e due crea un'impressione di superficialità. Chi era suo padre? Una persona di un certo censo, evidentemente. Faceva parte di quella che i giornali radicali chiamano l'Inghilterra che produce e lavora, o usciva dai ranghi dell'aristocrazia?

JACK Temo proprio di non poter rispondere. Il fatto è un altro, Lady Bracknell: ho detto di aver perduto tutti e due i genitori, è vero. Ma sarebbe forse più esatto dire che i miei genitori hanno perduto me... Io, in verità, non so chi sono di nascita. Io sono stato... beh, sono stato trovato.

LADY BRACKNELL Trovato?!

JACK Sono stato trovato dal defunto signor Thomas Cardew, un vecchio gentiluomo d'animo cortese e caritatevole, che mi diede il nome di Worthing, poiché in quel momento si trovava ad avere in tasca un biglietto di prima classe per Worthing. Worthing è una cittadina nel Sussex. Una località balneare.

LADY BRACKNELL Where did the charitable gentleman who had a first-class ticket for this seaside resort find you?

JACK (*gravely*) In a hand-bag.

LADY BRACKNELL A hand-bag?

JACK (*very seriously*) Yes, Lady Bracknell. I was in a hand-bag – a somewhat large, black leather hand-bag, with handles to it – an ordinary hand-bag in fact.

LADY BRACKNELL In what locality did this Mr James, or Thomas, Cardew come across this ordinary hand-bag?

JACK In the cloakroom at Victoria Station. It was given to him in mistake for his own.

LADY BRACKNELL The cloakroom at Victoria Station?

JACK Yes. The Brighton line.

LADY BRACKNELL The line is immaterial. Mr Worthing, I confess I feel somewhat bewildered by what you have just told me. To be born, or at any rate bred, in a hand-bag, whether it had handles or not, seems to me to display a contempt for the ordinary decencies of family life that reminds one of the worst excesses of the French Revolution. And I presume you know what that unfortunate movement led to? As for the particular locality in which the hand-bag was found, a cloakroom at a railway station might serve to conceal a social indiscretion – has probably, indeed, been used for that purpose before now – but it could hardly be regarded as an assured basis for a recognised position in good society.

JACK May I ask you then what you would advise me to do? I need hardly say I would do anything in the world to ensure Gwendolen's happiness.

LADY BRACKNELL E dove l'ha trovata il caritatevole gentiluomo che aveva in tasca un biglietto di prima classe per questa località balneare?

JACK (*con gravità*) In una borsa.

LADY BRACKNELL In una borsa?

JACK (*con grande serietà*) Sì, Lady Bracknell. Mi ha trovato in una borsa: una borsa, piuttosto grande, di cuoio nero, con maniglie... Una comune borsa da viaggio.

LADY BRACKNELL E in quale luogo esattamente, questo signor James, o Thomas, Cardew, ebbe a imbattersi in questa comune borsa da viaggio?

JACK Nel deposito bagagli della Stazione Vittoria. Dove gli venne data per errore al posto della sua.

LADY BRACKNELL Il deposito bagagli della Stazione Vittoria?

JACK Sì, linea per Brighton.

LADY BRACKNELL La linea non ha importanza. Signor Worthing, confesso che quanto mi dice mi lascia un poco perplessa. L'essere nato, o comunque allevato, in una borsa, con o senza maniglie che sia, mi sembra una manifestazione di disprezzo per i più elementari principi morali della vita familiare, che mi richiama alla mente i peggiori eccessi della Rivoluzione Francese. E suppongo lei sappia a che cosa ha condotto quel deprecabile momento! Per quello che riguarda poi in particolare il luogo nel quale la borsa è stata trovata, devo dire che il deposito bagagli di una stazione ferroviaria può servire sì a nascondere cose e fatti socialmente sconvenienti — credo anzi che sia stato spesso usato a questo scopo anche in passato — ma difficilmente può essere considerato base sufficiente a una reputata posizione nella buona società.

JACK Posso chiederle allora che cosa mi consiglia di fare? Non occorre che le dica che farei qualsiasi cosa al mondo pur di assicurare la felicità di Gwendolen.

LADY BRACKNELL I would strongly advise you, Mr Worthing, to try and acquire some relations as soon as possible, and to make a definite effort to produce at any rate one parent, of either sex, before the season is quite over.

JACK Well, I don't see how I could possibly manage to do that. I can produce the hand-bag at any moment. It is in my dressing-room at home. I really think that should satisfy you, Lady Bracknell.

LADY BRACKNELL Me, Sir! What has it to do with me? You can hardly imagine that I and Lord Bracknell would dream of allowing our only daughter – a girl brought up with the utmost care – to marry into a cloakroom, and form an alliance with a parcel? Good morning, Mr Worthing!

Lady Bracknell sweeps out in majestic indignation.

JACK Good morning!

Algernon, from the other room, strikes up the Wedding March. Jack looks perfectly furious, and goes to the door.

For goodness' sake don't play that ghastly tune, Algy! How idiotic you are!

The music stops and Algernon enters cheerily.

ALGERNON Didn't it go off all right, old boy? You don't mean to say Gwendolen refused you? I know it is a way she has. She is always refusing people. I think it is most ill-natured of her.

JACK Oh, Gwendolen is as right as a trivet. As far as she is concerned, we are engaged. Her mother is perfectly unbearable. Never met such a Gorgon.... I don't really know what a Gorgon is like, but I am quite sure that Lady Bracknell is one. In any case, she is a monster, without being a myth, which is rather unfair.... I beg your pardon, Algy, I suppose I shouldn't talk about your own aunt in that way before you.

LADY BRACKNELL Le consiglio caldamente, signor Worthing, di trovarsi qualche legame di parentela al più presto possibile, e di non lasciare nulla d'intentato onde esibire almeno un genitore, non importa se maschio o femmina, prima che la stagione sia definitivamente conclusa.

JACK Beh, non vedo proprio come potrei farcela. Posso esibire la borsa, anche subito. È nel mio guardaroba, a casa mia. E spero veramente, Lady Bracknell, che questo possa bastarle.

LADY BRACKNELL A me, signore?! Che cosa c'entro io? Lei davvero si immagina che io e Lord Bracknell potremmo mai sognarci di lasciare che la nostra unica figliola — allevata ed educata con ogni cura — possa maritarsi con un deposito bagagli ed imparentarsi con una borsa da viaggio? Buon giorno, signor Worthing!

(*Lady Bracknell esce con aria di sovrana indignazione.*)

JACK Buon giorno!

(*Algernon, dall'altra stanza, accenna al pianoforte alla Marcia Nuziale. Jack ha un'espressione assolutamente infuriata, e si affaccia alla porta.*)

Per l'amor del cielo, Algy, non suonare quella roba maledetta! Non fare l'idiota!

(*La musica cessa ed entra Algernon con aria giuliva.*)

ALGERNON Ti è andata male, amico mio? Vuoi dirmi che Gwendolen ti ha detto di no? Lo so che è il suo modo di fare. Lei è sempre lì che dice di no a tutti. Credo sia il lato brutto del suo carattere.

JACK Oh, Gwendolen è limpida come l'acqua di fonte. Per quel che dipende da lei, siamo fidanzati. È sua madre che è assolutamente insopportabile. Mai vista una Gorgone simile... Non che io sappia che cos'è una Gorgone, ma sono sicuro che Lady Bracknell è una Gorgone. E comunque è un mostro, senza neanche essere mitologica, il che è abbastanza sleale... Ti chiedo scusa, Algernon, forse non dovrei parlare così di tua zia con te.

ALGERNON My dear boy, I love hearing my relations abused. It is the only thing that makes me put up with them at all. Relations are simply a tedious pack of people, who haven't got the remotest knowledge of how to live, nor the smallest instinct about when to die.

JACK Oh, that is nonsense!

ALGERNON It isn't!

JACK Well, I won't argue about the matter. You always want to argue about things.

ALGERNON That is exactly what things were originally made for.

JACK Upon my word, if I thought that, I'd shoot myself. . . . (*A pause.*) You don't think there is any chance of Gwendolen becoming like her mother in about a hundred and fifty years, do you, Algy?

ALGERNON All women become like their mothers. That is their tragedy. No man does. That's his.

JACK Is that clever?

ALGERNON It is perfectly phrased! and quite as true as any observation in civilised life should be.

JACK I am sick to death of cleverness. Everybody is clever nowadays. You can't go anywhere without meeting clever people. The thing has become an absolute public nuisance. I wish to goodness we had a few fools left.

ALGERNON We have.

JACK I should extremely like to meet them. What do they talk about?

ALGERNON The fools? Oh! about the clever people, of course.

JACK What fools!

ALGERNON By the way, did you tell Gwendolen the truth about your being Ernest in town, and Jack in the country?

ALGERNON Amico mio, mi piace sentir parlar male dei miei parenti. È la sola cosa che me li renda sopportabili. I parenti non sono altro che un branco di gente noiosa, che non hanno la più pallida idea di come si debba vivere, né il minimo istinto per scegliere il momento giusto di morire.

JACK Oh, questa è una sciocchezza!

ALGERNON Non è vero!

JACK Beh, non ho intenzione di discuterne. Tu vuoi sempre discutere di ogni cosa.

ALGERNON È per questo che le cose sono state inventate.

JACK Parola mia, se lo pensassi, mi ucciderei...
(*Una pausa.*)
Secondo te, c'è qualche probabilità che Gwendolen diventi come sua madre tra un centocinquant'anni circa? No, vero, Algy?

ALGERNON Tutte le figlie femmine diventano come la loro madre. Questa è la tragedia delle donne. Nessun maschio lo diventa: e questa è la tragedia degli uomini.

JACK È un pensiero intelligente?

ALGERNON È molto ben detto! E assolutamente vero, come dovrebbe esserlo ogni osservazione nel mondo civile.

JACK L'intelligenza, non la posso più soffrire. Al giorno d'oggi sono tutti intelligenti. Non si può andare da nessuna parte senza incontrare gente intelligente. È veramente una calamità nazionale. Darei non so che cosa perché ci fosse ancora un po' di gente stupida.

ALGERNON Oh, ce n'è.

JACK Mi piacerebbe molto conoscerne qualcuno. Chissà di che cosa parlano?

ALGERNON Gli stupidi? Oh, delle persone intelligenti, naturalmente.

JACK Che stupidi!

ALGERNON A proposito, hai detto tutta la verità a Gwendolen, su quel tuo essere Ernest in città e Jack in campagna?

JACK (*in a very patronising manner*) My dear fellow, the truth isn't quite the sort of thing one tells to a nice, sweet, refined girl. What extraordinary ideas you have about the way to behave to a woman!

ALGERNON The only way to behave to a woman is to make love to her, if she is pretty, and to some one else, if she is plain.

JACK Oh, that is nonsense.

ALGERNON What about your brother? What about the profligate Ernest?

JACK Oh, before the end of the week I shall have got rid of him. I'll say he died in Paris of apoplexy. Lots of people die of apoplexy, quite suddenly, don't they?

ALGERNON Yes, but it's hereditary, my dear fellow. It's a sort of thing that runs in families. You had much better say a severe chill.

JACK You are sure a severe chill isn't hereditary, or anything of that kind?

ALGERNON Of course it isn't!

JACK Very well, then. My poor brother Ernest is carried off suddenly, in Paris, by a severe chill. That gets rid of him.

ALGERNON But I thought you said that . . . Miss Cardew was a little too much interested in your poor brother Ernest? Won't she feel his loss a good deal?

JACK Oh, that is all right. Cecily is not a silly romantic girl, I am glad to say. She has got a capital appetite, goes long walks, and pays no attention at all to her lessons.

ALGERNON I would rather like to see Cecily.

JACK I will take very good care you never do. She is excessively pretty, and she is only just eighteen.

JACK (*con aria molto paternalistica*) Mio caro amico, la verità non è esattamente quel genere di cose che si dicono a una dolce, soave, ben educata fanciulla. Hai veramente delle strane idee sul come ci si comporta con una donna!

ALGERNON Il solo modo di comportarsi con una donna è di farle la corte se è bella, e di farla a un'altra se è brutta.

JACK Oh, questa è una sciocchezza.

ALGERNON E tuo fratello? Che cosa sarà del dissoluto Ernest?

JACK Oh, entro la fine della settimana dovrò eliminarlo senz'altro. Dirò che è morto d'un colpo apoplettico a Parigi. C'è un sacco di gente che muore d'un colpo, improvvisamente, non ti pare?

ALGERNON Sì, sta' attento però che è ereditario. È una di quelle cose che circolano nelle famiglie. Sarebbe molto meglio una forte influenza.

JACK Sei sicuro che l'influenza non sia ereditaria, o cose del genere?

ALGERNON Ma certo!

JACK E va bene, allora. Il mio povero fratello Ernest se l'è portato via, improvvisamente, a Parigi, una forte influenza. E così è sistemato.

ALGERNON Ma mi sembra che tu abbia detto... La signorina Cardew non era un po' troppo interessata a questo tuo povero fratello Ernest? Non soffrirà per la sua morte?

JACK Oh, non c'è problema. Cecily non è una sciocca ragazzina romantica, grazie a Dio. Ha un robusto appetito, fa delle lunghe camminate, non segue assolutamente le lezioni.

ALGERNON Mi piacerebbe tanto conoscere Cecily.

JACK Starò molto attento a che questo non accada. È eccezionalmente carina, e ha soltanto diciott'anni.

ALGERNON Have you told Gwendolen yet that you have an excessively pretty ward who is only just eighteen?

JACK Oh! one doesn't blurt these things out to people. Cecily and Gwendolen are perfectly certain to be extremely great friends. I'll bet you anything you like that half an hour after they have met, they will be calling each other sister.

ALGERNON Women only do that when they have called each other a lot of other things first. Now, my dear boy, if we want to get a good table at Willis's, we really must go and dress. Do you know it is nearly seven?

JACK (*irritably*) Oh! it always is nearly seven.

ALGERNON Well, I'm hungry.

JACK I never knew you when you weren't....

ALGERNON What shall we do after dinner? Go to a theatre?

JACK Oh no! I loathe listening.

ALGERNON Well, let us go to the Club?

JACK Oh, no! I hate talking.

ALGERNON Well, we might trot round to the Empire at ten?

JACK Oh, no! I can't bear looking at things. It is so silly.

ALGERNON Well, what shall we do?

JACK Nothing!

ALGERNON It is awfully hard work doing nothing. However, I don't mind hard work where there is no definite object of any kind.

Enter Lane.

LANE Miss Fairfax.

Enter Gwendolen. Lane goes out.

ALGERNON Gwendolen, upon my word!

GWENDOLEN Algy, kindly turn your back. I have something very particular to say to Mr Worthing.

ALGERNON Really, Gwendolen, I don't think I can allow this at all.

ALGERNON Gliel'hai già detto, a Gwendolen, che tu hai una pupilla eccezionalmente carina e che ha soltanto diciott'anni?

JACK Oh, non sono cose che uno si precipita a dire in giro. Cecily e Gwendolen diventeranno senz'alcun dubbio ottime amiche. Scommetto quel che vuoi, che dopo neanche mezz'ora di conoscenza si chiameranno «sorellina cara».

ALGERNON Le donne di solito arrivano a questo dopo essersi chiamate in un sacco d'altri modi. Adesso però, amico mio, se vogliamo trovare un buon tavolo da Willis's, dobbiamo proprio andare a vestirci. Lo sai che son quasi le sette?

JACK (*con irritazione*) Oh, son sempre quasi le sette!

ALGERNON Sono affamato.

JACK È da quando ti conosco che sei affamato.

ALGERNON Che cosa facciamo dopo cena? Andiamo a teatro?

JACK Oh, no, odio star lì ad ascoltare!

ALGERNON Beh, possiamo andare al Club.

JACK Oh, no, odio dover parlare!

ALGERNON Beh, possiamo fare un salto all'Empire verso le dieci.

JACK Oh, no, odio guardar le cose! È così stupido.

ALGERNON Beh, che cosa possiamo fare?

JACK Niente!

ALGERNON È un duro lavoro non fare niente. Comunque, non è che lavorare duro mi dispiaccia, purché la cosa non abbia nessuno scopo pratico.

(*Entra Lane.*)

LANE La signorina Fairfax.

(*Entra Gwendolen. Lane esce.*)

ALGERNON Gwendolen, per l'amor del cielo!

GWENDOLEN Algernon, voltati dall'altra parte, per piacere. Devo dire qualcosa di molto riservato al signor Worthing.

ALGERNON Veramente, Gwendolen, questo credo di non poterlo permettere.

GWENDOLEN Algy, you always adopt a strictly immoral attitude towards life. You are not quite old enough to do that.

Algernon retires to the fireplace.

JACK My own darling!

GWENDOLEN Ernest, we may never be married. From the expression on mamma's face I fear we never shall. Few parents nowadays pay any regard to what their children say to them. The old-fashioned respect for the young is fast dying out. Whatever influence I ever had over mamma, I lost at the age of three. But although she may prevent us from becoming man and wife, and I may marry some one else, and marry often, nothing that she can possibly do can alter my eternal devotion to you.

JACK Dear Gwendolen!

GWENDOLEN The story of your romantic origin, as related to me by mamma, with unpleasing comments, has naturally stirred the deeper fibres of my nature. Your Christian name has an irresistible fascination. The simplicity of your character makes you exquisitely incomprehensible to me. Your town address at the Albany I have. What is your address in the country.

JACK The Manor House, Woolton, Hertfordshire.

Algernon, who has been carefully listening, smiles to himself, and writes the address on his shirt-cuff. Then picks up the Railway Guide.

GWENDOLEN There is a good postal service, I suppose? It may be necessary to do something desperate. That of course will require serious consideration. I will communicate with you daily.

JACK My own one!

GWENDOLEN How long do you remain in town?

JACK Till Monday.

GWENDOLEN Good! Algy, you may turn round now.

GWENDOLEN Algy, tu adotti sempre nei riguardi della vita un atteggiamento di rigorosa immoralità. Non sei abbastanza vecchio per poterlo fare.

(*Algernon si ritira accanto al caminetto.*)

JACK Amore mio!

GWENDOLEN Ernest, forse siamo destinati a non sposarci. Dall'espressione sulla faccia di mammà temo proprio che sarà così. Pochi genitori al giorno d'oggi prestano la minima attenzione a quello che i loro figli dicono loro. Il rispetto per la gioventù, che si aveva un tempo, sta rapidamente scomparendo. Se mai ho avuto qualche autorità su mammà, l'ho persa all'età di tre anni. Ma anche se essa riuscirà a impedirci di diventare marito e moglie, e se io finirò con lo sposare un altro, e magari più d'uno, nulla di quel che essa potrà fare scalfirà mai il mio eterno affetto per te.

JACK Cara Gwendolen!

GWENDOLEN La storia delle tue romantiche origini, pur riferita da mammà con tutta una serie di sgradevoli commenti, ha naturalmente ridestato le più profonde fibre della mia natura. Il tuo nome di battesimo mantiene il suo irresistibile fascino. La semplicità del tuo carattere ti rende a me squisitamente incomprensibile. Il tuo indirizzo di via Albany ce l'ho. Qual è il tuo indirizzo di campagna?

JACK Manor House, Woolton, Hertfordshire.

(*Algernon, che ha finora ascoltato attentamente, sorride tra sé, e prende nota dell'indirizzo sul polsino della camicia. Poi prende un Orario Ferroviario.*)

GWENDOLEN Le poste funzionano bene, spero. Può rendersi necessario compiere un passo disperato. Bisognerà allora pensarci molto bene. Ti scriverò ogni giorno.

JACK Amore mio!

GWENDOLEN Quanto ancora ti trattieni in città?

JACK Fino a lunedì.

GWENDOLEN Bene! Algy, puoi voltarti, adesso.

ALGERNON Thanks, I've turned round already.

GWENDOLEN You may also ring the bell.

JACK You will let me see you to your carriage, my own darling?

GWENDOLEN Certainly.

JACK (*to Lane, who now enters*) I will see Miss Fairfax out.

LANE Yes, sir.

Jack and Gwendolen go off. Lane presents several letters on a salver to Algernon. It is to be surmised that they are bills, as Algernon, after looking at the envelopes, tears them up.

ALGERNON A glass of sherry, Lane.

LANE Yes, Sir.

ALGERNON To-morrow, Lane, I'm going Bunburying.

LANE Yes, sir.

ALGERNON I shall probably not be back till Monday. You can put up my dress clothes, my smoking jacket, and all the Bunbury suits . . .

LANE Yes sir. (*Handing sherry.*)

ALGERNON I hope to-morrow will be a fine day, Lane.

LANE It never is, sir.

ALGERNON Lane, you're a perfect pessimist.

LANE I do my best to give satisfaction, sir.

Enter Jack. Lane goes off.

JACK There's a sensible, intellectual girl! The only girl I ever cared for in my life.

Algernon is laughing immoderately.

What on earth are you so amused at?

ALGERNON Oh, I'm a little anxious about poor Bunbury, that is all.

JACK If you don't take care, your friend Bunbury will get you into a serious scrape some day.

ALGERNON Grazie, mi sono già voltato.

GWENDOLEN Puoi anche suonare per il cameriere.

JACK Posso accompagnarti io alla carrozza, amore mio?

GWENDOLEN Certo.

JACK (*a Lane, che entra*) Accompagno io la signorina Fairfax.

LANE Sì, signore.

(*Jack e Gwendolen escono.*)

(*Lane porge ad Algernon un vassoio su cui si trovano varie lettere. È opinabile si tratti di fatture, dal momento che Algernon, guardate le buste, le straccia.*)

ALGERNON Un bicchierino di sherry, Lane.

LANE Sì, signore.

ALGERNON Domani, Lane, andrò a fare un po' di bunburismo.

LANE Sì, signore.

ALGERNON Probabile non sia di ritorno prima di lunedì. Mettimi in valigia gli abiti da sera, la giacca da camera, tutto il guardaroba del bunburismo...

LANE Sì, signore.

(*Gli porge il bicchierino di sherry.*)

ALGERNON Spero che domani sia una bella giornata, Lane.

LANE Non lo è mai, signore.

ALGERNON Lane, tu sei un perfetto pessimista.

LANE Faccio del mio meglio per accontentare il signore, signore.

(*Entra Jack. Lane esce.*)

JACK Che ragazza sensibile, delicata, colta! la sola che sia mai riuscita a interessarmi!

(*Algernon sta ridendo senza ritegno.*)

Che cosa diavolo c'è di tanto divertente?

ALGERNON Oh, sono un po' preoccupato per il povero Bunbury, tutto qui.

JACK Se non stai bene attento, il tuo amico Bunbury finirà col cacciarti in un bel guaio, un giorno o l'altro.

ALGERNON I love scrapes. They are the only things that are never serious.

JACK Oh, that's nonsense, Algy. You never talk anything but nonsense.

ALGERNON Nobody ever does.

Jack looks indignantly at him, and leaves the room. Algernon lights a cigarette, reads his shirt-cuff, and smiles.

Act Drop

ALGERNON Adoro i guai. Sono le uniche cose che non sono mai troppo serie.

JACK Oh, questa è una sciocchezza, Algy. Tu non fai mai altro che dire sciocchezze.

ALGERNON Al pari di tutti.

(*Jack lo guarda indignato, poi lascia la stanza. Algernon accende una sigaretta, legge il polsino della camicia, e sorride.*)

Fine del primo atto

ACT TWO

Garden at the Manor House. A flight of grey stone steps leads up to the house. The garden, an old-fashioned one, full of roses. Time of year, July. Basket chairs, and a table covered with books, are set under a large yew-tree.

Miss Prism discovered seated at the table. Cecily is at the back, watering flowers.

MISS PRISM (*calling*) Cecily, Cecily! Surely such a utilitarian occupation as the watering of flowers is rather Moulton's duty than yours? Especially at a moment when intellectual pleasures await you. Your German grammar is on the table. Pray open it at page fifteen. We will repeat yesterday's lesson.

CECILY (*coming over very slowly*) But I don't like German. It isn't at all a becoming language. I know perfectly well that I look quite plain after my German lesson.

MISS PRISM Child, you know how anxious your guardian is that you should improve yourself in every way. He laid particular stress on your German, as he was leaving for town yesterday. Indeed, he always lays stress on your German when he is leaving for town.

CECILY Dear Uncle Jack is so very serious! Sometimes he is so serious that I think he cannot be quite well.

ATTO SECONDO

LA SCENA

Il giardino della Manor House. Una rampa di scale di pietra grigia conduce alla casa. Il giardino, vecchio stile, è pieno di rose. L'epoca: luglio. Sotto un grande tasso, alcune sedie di vimini e un tavolo coperto di libri.

(*Vediamo Miss Prism seduta al tavolo. Cecily è sul fondo, e sta annaffiando i fiori.*)

MISS PRISM (*chiamando*) Cecily, Cecily! Non ti pare che un'incombenza così banalmente pratica come l'annaffiare i fiori rientri più nei doveri di Moulton che nei tuoi? Specie nel momento in cui le gioie dello spirito ti attendono? La tua grammatica tedesca è qui sul tavolo. Aprila, ti prego, a pagina quindici. Ripasseremo la lezione di ieri.

CECILY (*avvicinandosi molto lentamente*) Ma a me non piace il tedesco. È una lingua che non fa bene a nessuno. Io lo so benissimo, che dopo una lezione di tedesco sono più brutta che mai.

MISS PRISM Bambina mia, tu sai quanto tiene il tuo tutore a che tu migliori te stessa in tutti i sensi. E ieri, prima di recarsi in città, ha particolarmente insistito sul tedesco. In verità, egli insiste sempre sul tedesco quando si reca in città.

CECILY Il caro zio Jack è così sempre serio! A volte è così serio che penso debba stare poco bene.

MISS PRISM (*drawing herself up*) Your guardian enjoys the best of health, and his gravity of demeanour is especially to be commended in one so comparatively young as he is. I know no one who has a higher sense of duty and responsibility.

CECILY I suppose that is why he often looks a little bored when we three are together.

MISS PRISM Cecily! I am surprised at you. Mr Worthing has many troubles in his life. Idle merriment and triviality would be out of place in his conversation. You must remember his constant anxiety about that unfortunate young man his brother.

CECILY I wish Uncle Jack would allow that unfortunate young man, his brother, to come down here sometimes. We might have a good influence over him, Miss Prism. I am sure you certainly would. You know German, and geology, and things of that kind influence a man very much.

Cecily begins to write in her diary.

MISS PRISM (*shaking her head*) I do not think that even I could produce any effect on a character that according to his own brother's admission is irretrievably weak and vacillating. Indeed I am not sure that I would desire to reclaim him. I am not in favour of this modern mania for turning bad people into good people at a moment's notice. As a man sows so let him reap. You must put away your diary, Cecily. I really don't see why you should keep a diary at all.

CECILY I keep a diary in order to enter the wonderful secrets of my life. If I didn't write them down, I should probably forget all about them.

MISS PRISM Memory, my dear Cecily, is the diary that we all carry about with us.

CECILY Yes, but it usually chronicles the things that have never happened, and couldn't possibly have happened.

MISS PRISM (*irrigidendosi*) Il tuo tutore gode di un'ottima salute, e l'austerità del suo comportamento merita un particolare encomio in una persona relativamente giovane come lui. Non conosco nessuno che abbia un più alto senso del dovere e della propria responsabilità.

CECILY Forse è per questo che tante volte ha l'aria un po' annoiata, quando siamo tutti e tre insieme.

MISS PRISM Cecily, mi meraviglio di te! Il signor Worthing ha molti dispiaceri nella vita. Allegria e spensieratezza suonerebbero come note stonate nella sua conversazione. Non devi dimenticare la sua costante ansietà per quel giovane sciagurato di suo fratello.

CECILY Vorrei tanto che lo zio Jack lasciasse venire qui qualche volta quel giovane sciagurato, suo fratello. Potremmo avere una buona influenza su di lui, Miss Prism. Sono sicura che lei, per esempio, l'avrebbe. Lei conosce il tedesco, la geologia, tutte cose che possono esercitare una grande influenza su un uomo.

(*Cecily comincia a scrivere nel suo diario*.)

MISS PRISM (*scuotendo la testa*) Credo che neppure io potrei produrre un qualche positivo effetto su un carattere che per ammissione del suo stesso fratello è irrimediabilmente debole e vacillante. E oltre tutto non so se sarei tanto disposta a redimerlo. Sono un po' contraria a tutta questa mania del giorno d'oggi di trasformare i cattivi in buoni all'ultimo momento. Quel che uno semina, lasciamo che raccolga. Dovresti mettere via il diario, Cecily. Non vedo neanche perché tu debba tenerlo, un diario.

CECILY Tengo un diario per scriverci su tutti i meravigliosi segreti della mia vita. Se non ne prendessi nota, è probabile che me li dimenticherei completamente.

MISS PRISM La memoria, mia cara Cecily: quello è il diario che tutti portiamo sempre con noi.

CECILY Sì, ma la memoria elenca di solito le cose che non sono mai successe, e che mai potrebbero essere succes-

I believe that Memory is responsible for nearly all the three-volume novels that Mudie sends us.

MISS PRISM Do not speak slightingly of the three-volume novel, Cecily. I wrote one myself in earlier days.

CECILY Did you really, Miss Prism? How wonderfully clever you are! I hope it did not end happily? I don't like novels that end happily. They depress me so much.

MISS PRISM The good ended happily, and the bad unhappily. That is what Fiction means.

CECILY I suppose so. But it seems very unfair. And was your novel ever published?

MISS PRISM Alas! no. The manuscript unfortunately was abandoned.

Cecily starts.

I use the word in the sense of lost or mislaid. To your work, child, these speculations are profitless.

CECILY (*smiling*) But I see dear Dr Chasuble coming up through the garden.

MISS PRISM (*rising and advancing*) Dr Chasuble! This is indeed a pleasure.

Enter Canon Chasuble.

CHASUBLE And how are we this morning? Miss Prism, you are, I trust, well?

CECILY Miss Prism has just been complaining of a slight headache. I think it would do her so much good to have a short stroll with you in the Park, Dr Chasuble.

MISS PRISM Cecily, I have not mentioned anything about a headache.

CECILY No, dear Miss Prism, I know that, but I felt instinctively that you had a headache. Indeed I was thinking about that, and not about my German lesson, when the Rector came in.

CHASUBLE I hope, Cecily, you are not inattentive.

CECILY Oh, I am afraid I am.

se. Credo sia lei la responsabile di quasi tutti i romanzi in tre volumi che Mudie ci manda.

MISS PRISM Non parlare con disprezzo dei romanzi in tre volumi, Cecily. Anch'io ne ho scritto uno nella mia giovinezza.

CECILY Davvero, Miss Prism? Com'è brava e intelligente! Spero non andasse a finir bene. Non mi piacciono i romanzi che finiscono bene. Mi deprimono tanto!

MISS PRISM I buoni finivano bene e i cattivi finivano male. Questo è il significato della narrativa.

CECILY Suppongo sia così. Ma non mi sembra affatto giusto. E il suo romanzo è mai stato pubblicato?

MISS PRISM Ahimè, no! Il manoscritto è sparito nel nulla.

(*Cecily ha un gesto di sorpresa.*)

Uso questa espressione nel senso di perduto o nascosto chissà dove. Al lavoro, bambina, queste divagazioni non giovano a nulla.

CECILY (*sorridendo*) Ma vedo il caro reverendo Chasuble che sta attraversando il giardino.

MISS PRISM (*alzandosi e facendosi avanti*) Reverendo Chasuble! Questo è davvero un piacere!

(*Entra il reverendo canonico Chasuble.*)

CHASUBLE E come andiamo stamattina? Miss Prism, lei, confido, sta bene?

CECILY Miss Prism si stava giusto lamentando di una leggera emicrania. Credo le farebbe molto bene una passeggiatina con lei nel parco, reverendo Chasuble.

MISS PRISM Cecily, io non ho fatto il minimo cenno a un'emicrania.

CECILY Questo lo so, cara Miss Prism, ma io ho sentito istintivamente che lei aveva un po' d'emicrania. Ed era a questo che stavo pensando in effetti, e non alla lezione di tedesco, quando è arrivato il signor pastore.

CHASUBLE Spero, Cecily, che tu non sia disattenta.

CECILY Oh, temo proprio di sì.

CHASUBLE That is strange. Were I fortunate enough to be Miss Prism's pupil, I would hang upon her lips.

Miss Prism glares.

I spoke metaphorically. – My metaphor was drawn from bees. Ahem! Mr Worthing, I suppose, has not returned from town yet?

MISS PRISM We do not expect him till Monday afternoon.

CHASUBLE Ah yes, he usually likes to spend his Sunday in London. He is not one of those whose sole aim is enjoyment, as, by all accounts, that unfortunate young man his brother seems to be. But I must not disturb Egeria and her pupil any longer.

MISS PRISM Egeria? My name is Laetitia, Doctor.

CHASUBLE (*bowing*) A classical allusion merely, drawn from the Pagan authors. I shall see you both no doubt at Evensong?

MISS PRISM I think, dear Doctor, I will have a stroll with you. I find I have a headache after all, and a walk might do it good.

CHASUBLE With pleasure, Miss Prism, with pleasure. We might go as far as the schools and back.

MISS PRISM That would be delightful. Cecily, you will read your Political Economy in my absence. The chapter on the fall of the Rupee you may omit. It is somewhat too sensational. Even these metallic problems have their melodramatic side.

Goes down the garden with Dr Chasuble.

CECILY (*picks up books and throws them back on table*) Horrid Political Economy! Horrid Geography! Horrid, horrid German!

Enter Merriman with a card on a salver.

MERRIMAN Mr Ernest Worthing has just driven over from the station. He has brought his luggage with him.

CHASUBLE Strano questo. Avessi io la fortuna d'esser discepolo di Miss Prism, non farei che pendere dalle sue labbra

(*Miss Prism s'irrigidisce.*)

Parlo metaforicamente. Una metafora tratta dalla vita delle api. Ehm! Il signor Worthing, suppongo, non è ancora tornato da Londra?

MISS PRISM Non lo aspettiamo prima di lunedì pomeriggio.

CHASUBLE Ah già, a lui piace, di solito, passare le sue domeniche a Londra. Non è di quelli che non pensano ad altro ché a divertirsi, come sembra essere invece, a quanto è dato sapere, quel giovane scapestrato di suo fratello. Ma io sto disturbando Egeria e la sua pupilla.

MISS PRISM Egeria? Io mi chiamo Laetitia, reverendo.

CHASUBLE (*inchinandosi*) Solo una citazione classica, tratta dai testi pagani. Vedrò senz'altro tutte e due al Vespero?

MISS PRISM Credo, caro reverendo, che verrò a fare due passi con lei. M'accorgo che dopo tutto un po' di emicrania ce l'ho davvero, e una passeggiatina potrebbe farle bene.

CHASUBLE Con piacere, Miss Prism, con piacere. Potremmo arrivare fino alle scuole e tornare indietro.

MISS PRISM Sarebbe delizioso. Cecily, in mia assenza andrai avanti con l'economia politica. Il capitolo sul crollo della rupia puoi anche tralasciarlo. È un po' troppo sensazionale. Anche questi problemi monetari hanno a volte un loro lato melodrammatico.

(*Esce attraverso il giardino assieme al reverendo Chasuble.*)

CECILY (*prende su dei libri, ma poi li rigetta sul tavolo*) Al diavolo l'economia politica! Al diavolo la geografia! Al diavolo, al diavolo il tedesco!

(*Entra Merriman con un biglietto da visita su un vassoio.*)

MERRIMAN Il signor Ernest Worthing è arrivato ora dalla stazione. Ha il bagaglio con sé.

CECILY (*takes the card and reads it*) 'Mr Ernest Worthing, B. 4, The Albany, W.' Uncle Jack's brother! Did you tell him Mr Worthing was in town?

MERRIMAN Yes, Miss. He seemed very much disappointed. I mentioned that you and Miss Prism were in the garden. He said he was anxious to speak to you privately for a moment.

CECILY Ask Mr Ernest Worthing to come here. I suppose you had better talk to the housekeeper about a room for him.

MERRIMAN Yes, Miss.

Merriman goes off.

CECILY I have never met any really wicked person before. I feel rather frightened. I am so afraid he will look just like every one else.

Enter Algernon, very gay and debonair.

He does!

ALGERNON (*raising his hat*) You are my little cousin Cecily, I'm sure.

CECILY You are under some strange mistake. I am not little. In fact, I believe I am more than usually tall for my age.

Algernon is rather taken aback.

But I am your cousin Cecily. You, I see from your card, are Uncle Jack's brother, my cousin Ernest, my wicked cousin Ernest.

ALGERNON Oh! I am not really wicked at all, cousin Cecily. You mustn't think that I am wicked.

CECILY If you are not, then you have certainly been deceiving us all in a very inexcusable manner. I hope you have not been leading a double life, pretending to be wicked and being really good all the time. That would be hypocrisy.

ALGERNON (*looks at her in amazement*) Oh! Of course I have been rather reckless.

CECILY I am glad to hear it.

CECILY (*prende il biglietto da visita e lo legge*) «Ernest Worthing, B. 4, The Albany, W.» Il fratello dello zio Jack! Gli ha detto che il signor Worthing è a Londra?

MERRIMAN Sì, signorina. Mi è sembrato molto contrariato. Gli ho detto che lei e Miss Prism eravate in giardino, e lui ha detto che desidera molto parlarle in privato per un momento.

CECILY Chieda al signor Ernest Worthing di venire qui. Credo sia meglio dire alla cameriera di provvedere a una camera per lui.

MERRIMAN Sì, signorina.

(*Merriman esce.*)

CECILY È la prima volta che incontro un uomo veramente corrotto. Sono molto agitata. Ho così paura che sia fatto proprio come tutti gli altri.

(*Entra Algernon, molto allegro e rilassato.*)

Infatti!

ALGERNON (*togliendosi il cappello*) Lei è la mia piccola cugina Cecily, non c'è dubbio.

CECILY Lei sta incorrendo in un curioso errore. Io non sono piccola. Anzi, credo di essere piuttosto grande per la mia età.

(*Algernon rimane alquanto perplesso.*)

Comunque sì: sono sua cugina Cecily. E lei, leggo sul biglietto da visita, è il fratello dello zio Jack, mio cugino Ernest, il perverso cugino Ernest.

ALGERNON Oh, non sono affatto così perverso, cugina Cecily. Lei non deve pensare che io sia perverso.

CECILY Se non lo è, vuol dire allora che ci ha ingannati tutti quanti in modo assolutamente imperdonabile. Spero che non abbia condotto una doppia vita, fingendo di essere perverso, ed essendo invece buono per tutto questo tempo. Sarebbe pura e semplice ipocrisia.

ALGERNON (*guardandola stupefatto*) Oh! Certo, un po' irrequieto lo sono stato.

CECILY Mi fa piacere sentirlo.

ALGERNON In fact, now you mention the subject, I have been very bad in my own small way.

CECILY I don't think you should be so proud of that, though I am sure it must have been very pleasant.

ALGERNON It is much pleasanter being here with you.

CECILY I can't understand how you are here at all. Uncle Jack won't be back till Monday afternoon.

ALGERNON That is a great disappointment. I am obliged to go up by the first train on Monday morning. I have a business appointment that I am anxious . . . to miss?

CECILY Couldn't you miss it anywhere but in London?

ALGERNON No: the appointment is in London.

CECILY Well, I know, of course, how important it is not to keep a business engagement, if one wants to retain any sense of the beauty of life, but still I think you had better wait till Uncle Jack arrives. I know he wants to speak to you about your emigrating.

ALGERNON About my what?

CECILY Your emigrating. He has gone up to buy your outfit.

ALGERNON I certainly wouldn't let Jack buy my outfit. He has no taste in neckties at all.

CECILY I don't think you will require neckties. Uncle Jack is sending you to Australia.

ALGERNON Australia! I'd sooner die.

CECILY Well. he said at dinner on Wednesday night, that you would have to choose between this world, the next world, and Australia.

ALGERNON Oh, well! The accounts I have received of Australia and the next world, are not particularly encouraging. This world is good enough for me, cousin Cecily.

ALGERNON Anzi, visto che ha tirato in ballo l'argomento, sono stato molto cattivo, nel mio piccolo.

CECILY Non credo che lei debba esserne tanto orgoglioso, anche se sono sicura che dev'essere stato piuttosto piacevole.

ALGERNON È molto più piacevole essere qui con lei.

CECILY Come mai sia qui, però, proprio non capisco. Lo zio Jack non sarà di ritorno prima di lunedì pomeriggio.

ALGERNON Questa è una vera seccatura. Lunedì mattina dovrò andarmene col primo treno. Ho un appuntamento d'affari che tengo molto... a perdere!

CECILY Deve proprio perderlo a Londra?

ALGERNON Sì: è lì che l'ho fissato.

CECILY Beh, so bene, naturalmente, quanto sia importante mancare a un appuntamento d'affari, se si vuol conservare un qualche senso di bellezza della vita, ma penso comunque che farebbe bene ad aspettare l'arrivo dello zio Jack. So che desidera parlarle della sua emigrazione.

ALGERNON Della mia cosa?!...

CECILY Della sua emigrazione. È andato in città a comperarle l'equipaggiamento.

ALGERNON Non intendo assolutamente che Jack si occupi del mio equipaggiamento. Non ha nessun gusto per le cravatte.

CECILY Non credo che le occorreranno cravatte. Lo zio Jack vuole mandarla in Australia.

ALGERNON In Australia?! Preferisco la morte.

CECILY Beh, lo ha detto proprio mercoledì sera a cena, che lei avrebbe dovuto scegliere tra questo mondo, l'altro mondo e l'Australia.

ALGERNON Oh, beh! I resoconti che mi sono arrivati sia dall'Australia che dall'altro mondo non sono particolarmente incoraggianti. Questo mondo mi va benissimo, cugina Cecily.

CECILY Yes, but are you good enough for it?

ALGERNON I'm afraid I'm not that. That is why I want you t reform me. You might make that your mission, if you don' mind, cousin Cecily.

CECILY I'm afraid I've no time, this afternoon.

ALGERNON Well, would you mind my reforming myself thi afternoon?

CECILY It is rather Quixotic of you. But I think you shoul try.

ALGERNON I will. I feel better already.

CECILY You are looking a little worse.

ALGERNON That is because I am hungry.

CECILY How thoughtless of me. I should have remembere that when one is going to lead an entirely new life, on requires regular and wholesome meals. Won't you com in?

ALGERNON Thank you. Might I have a buttonhole first? never have any appetite unless I have a buttonhole first.

CECILY A Maréchal Niel?

Picks up scissors.

ALGERNON No, I'd sooner have a pink rose.

CECILY Why?

Cuts a flower.

ALGERNON Because you are like a pink rose, cousin Cecily.

CECILY I don't think it can be right for you to talk to me lik that. Miss Prism never says such things to me.

ALGERNON Then Miss Prism is a short-sighted old lady.

Cecily puts the rose in his buttonhole.

You are the prettiest girl I ever saw.

CECILY Miss Prism says that all good looks are a snare.

ALGERNON They are a snare that every sensible man woul like to be caught in.

CECILY Oh, I don't think I would care to catch a sensib man. I shouldn't know what to talk to him about.

CECILY Sì, ma lei va bene a questo mondo?

ALGERNON Temo proprio di no. Ecco perché desidero che lei mi converta. Potrebbe assumersi il compito come una missione, cugina Cecily, se non le dispiace.

CECILY Temo di non aver tempo, questo pomeriggio.

ALGERNON Beh, le dispiace se per questo pomeriggio mi converto da solo?

CECILY Un po' utopistico da parte sua. Ma io credo che dovrebbe provarci.

ALGERNON Proverò. Mi sento già meglio.

CECILY D'aspetto è un po' peggio.

ALGERNON Perché sono affamato.

CECILY Oh, che sbadata! Avrei dovuto ricordarmi che quando uno cambia radicalmente la propria vita, ha bisogno di pasti regolari e nutrienti. Vogliamo entrare in casa?

ALGERNON Grazie. Posso prima prendere un fiore da mettere all'occhiello? Senza fiore all'occhiello non ho nessun appetito.

CECILY Una *Maréchal Niel*?

(*Prende un paio di forbici.*)

ALGERNON No, preferirei una rosa rosa.

CECILY Perché?

(*Recide un fiore.*)

ALGERNON Perché le assomiglia, cugina Cecily.

CECILY Non credo sia giusto che lei mi parli in questo modo. Miss Prism non mi dice mai nulla del genere.

ALGERNON Ciò vuol dire che Miss Prism è una vecchia zitella miope.

(*Cecily gli infila la rosa all'occhiello.*)

Lei è la più bella ragazza che io abbia mai visto.

CECILY Miss Prism dice che la bellezza è una trappola.

ALGERNON Una trappola da cui non v'è uomo di giudizio che non sarebbe lieto di farsi intrappolare.

CECILY Oh, non so se mi piacerebbe intrappolare un uomo di giudizio. Credo che non avremmo niente da dirci.

They pass into the house. Miss Prism and Dr Chasuble return.

MISS PRISM You are too much alone, dear Dr Chasuble. You should get married. A misanthrope I can understand – a womanthrope, never!

CHASUBLE (*with a scholar's shudder*) Believe me, I do not deserv so neologistic a phrase. The precept as well as the practice c the Primitive Church was distinctly against matrimony.

MISS PRISM (*sententiously*) That is obviously the reason wh the Primitive Church has not lasted up to the present day And you do not seem to realise, dear Doctor, that by persis tently remaining single, a man converts himself into permanent public temptation. Men should be more carefu this very celibacy leads weaker vessels astray.

CHASUBLE But is a man not equally attractive when married?

MISS PRISM No married man is ever attractive except to hi wife.

CHASUBLE And often, I've been told, not even to her.

MISS PRISM That depends on the intellectual sympathies of th woman. Maturity can always be depended on. Ripeness ca be trusted. Young women are green. (*Dr Chasuble starts.*) spoke horticulturally. My metaphor was drawn from frui But where is Cecily?

CHASUBLE Perhaps she followed us to the schools.

Enter Jack slowly from the back of the garden. He is dressed in t deepest mourning, with crape hatband and black gloves.

MISS PRISM Mr Worthing!

CHASUBLE Mr Worthing?

MISS PRISM This is indeed a surprise. We did not look for yo till Monday afternoon.

(*Entrano in casa. Tornano dalla passeggiata Miss Prism e il Rev. Chasuble.*)

MISS PRISM Lei è davvero troppo solo, caro reverendo Chasuble. Dovrebbe sposarsi. Io posso capire un misantropo; ma un donnatropo, mai!

CHASUBLE (*con la ripulsa del saggio*) Mi creda, io non merito un giudizio tanto neologistico. Sia i precetti che la pratica della Chiesa delle origini erano chiaramente contrari al matrimonio.

MISS PRISM (*con aria sentenziosa*) Questa è la ragione per cui la Chiesa delle origini non è arrivata fino ai giorni nostri. E lei non sembra rendersi conto, caro reverendo, che insistendo nel rimanere scapolo, un uomo si trasforma in una perenne tentazione pubblica. Voi uomini dovreste stare più attenti: è proprio questo celibato che trascina i vascelli più deboli fuor della giusta rotta.

CHASUBLE Ma un uomo non può esercitare un pari fascino anche se sposato?

MISS PRISM Il fascino di un uomo sposato si esercita solo su sua moglie.

CHASUBLE E spesso, a quanto mi si dice, neanche su di lei.

MISS PRISM Questo dipende dalle inclinazioni intellettuali della donna. Sulla maturità si può sempre far conto. Di un pieno e maturo rigoglio ci si può fidare. Una donna giovane è verde.

(*Il reverendo Chasuble sobbalza.*)

Parlo da un punto di vista ortofrutticolo. La mia metafora è presa dalla botanica. Ma dov'è Cecily?

CHASUBLE Forse ci è venuta dietro verso le scuole.

(*Entra Jack, lentamente, dal fondo del giardino. È vestito a lutto strettissimo, con fascia di crêpe nera sul cappello e guanti neri.*)

MISS PRISM Signor Worthing!

CHASUBLE Signor Worthing?

MISS PRISM Questa è davvero una sorpresa. Non l'aspettavamo prima di lunedì pomeriggio.

JACK (*shakes Miss Prism's hand in a tragic manner*) I have returned sooner than I expected. Dr Chasuble, I hope you are well?

CHASUBLE Dear Mr Worthing, I trust this garb of woe does not betoken some terrible calamity?

JACK My brother.

MISS PRISM More shameful debts and extravagance?

CHASUBLE Still leading his life of pleasure?

JACK (*shaking his head*) Dead!

CHASUBLE Your brother Ernest dead?

JACK Quite dead.

MISS PRISM What a lesson for him! I trust he will profit by it.

CHASUBLE Mr Worthing, I offer you my sincere condolence. You have at least the consolation of knowing that you were always the most generous and forgiving of brothers.

JACK Poor Ernest! He had many faults, but it is a sad, sad blow.

CHASUBLE Very sad indeed. Were you with him at the end?

JACK No. He died abroad; in Paris, in fact. I had a telegram last night from the manager of the Grand Hotel.

CHASUBLE Was the cause of death mentioned?

JACK A severe chill, it seems.

MISS PRISM As a man sows, so shall he reap.

CHASUBLE (*raising his hand*) Charity, dear Miss Prism, charity! None of us are perfect. I myself am peculiarly susceptible to draughts. Will the interment take place here?

JACK No. He seems to have expressed a desire to be buried in Paris.

CHASUBLE In Paris! (*Shakes his head.*) I fear that hardly points

JACK (*stringe la mano a Miss Prism in stile tragico*) Sono tornato prima del previsto. Reverendo Chasuble, lei come sta?

CHASUBLE Caro signor Worthing, oso sperare che questa dolorosa divisa non annunci una qualche terribile sventura.

JACK Mio fratello.

MISS PRISM Altri debiti, altre vergognose stravaganze?

CHASUBLE Sempre dedito alla sua vita di piaceri?

JACK (*scuotendo la testa*) Morto!

CHASUBLE Suo fratello Ernest morto?

JACK Proprio morto.

MISS PRISM Quale lezione per lui! Spero almeno abbia a trarne profitto.

CHASUBLE Signor Worthing, le porgo le mie più sincere condoglianze. Le rimane se non altro la consolante coscienza di essere stato il più generoso e tollerante dei fratelli.

JACK Povero Ernest! Ha avuto molte colpe, ma è comunque un duro, duro colpo.

CHASUBLE Molto duro davvero. Si trovava con lui al momento del trapasso?

JACK No. È morto all'estero: a Parigi, per l'esattezza. Ho ricevuto un telegramma ieri sera dalla direzione del Grand Hotel.

CHASUBLE Faceva menzione della causa del decesso?

JACK Un forte raffreddore, pare.

MISS PRISM Chi semina vento, raccoglie tempesta.

CHASUBLE (*alzando una mano*) Carità, Miss Prism, carità! Nessuno di noi è perfetto. Io stesso sono particolarmente sensibile ai colpi d'aria. I funerali avranno luogo qui?

JACK No. Pare che mio fratello abbia espresso il desiderio d'essere sepolto a Parigi.

CHASUBLE A Parigi!

(*Scuote la testa.*)

to any very serious state of mind at the last. You would no doubt wish me to make some slight allusion to this tragic domestic affliction next Sunday.

Jack presses his hand convulsively.

My sermon on the meaning of the manna in the wilderness can be adapted to almost any occasion, joyful, or, as in the present case, distressing. (*All sigh.*) I have preached it at harvest celebrations, christenings, confirmations, on days of humiliation and festal days. The last time I delivered it was in the Cathedral, as a charity sermon on behalf of the Society for the Prevention of Discontent among the Upper Orders. The Bishop, who was present, was much struck by some of the analogies I drew.

JACK Ah! that reminds me, you mentioned christenings I think, Dr Chasuble? I suppose you know how to christen all right?

Dr Chasuble looks astounded.

I mean, of course, you are continually christening, aren't you?

MISS PRISM It is, I regret to say, one of the Rector's most constant duties in this parish. I have often spoken to the poorer classes on the subject. But they don't seem to know what thrift is.

CHASUBLE But is there any particular infant in whom you are interested, Mr Worthing? Your brother was, I believe, unmarried, was he not?

JACK Oh yes.

MISS PRISM (*bitterly*) People who live entirely for pleasure usually are.

JACK But it is not for any child, dear Doctor. I am very fond of children. No! the fact is, I would like to be christened myself, this afternoon, if you have nothing better to do.

Temo che questo non indichi un seria disposizione d'animo in punto di morte. Senza dubbio desidera che io faccia una qualche fugace allusione a questo tragico evento familiare, domenica prossima.

(*Jack gli stringe la mano con convulsa intensità.*)

Il mio sermone sul significato della manna nel deserto può adattarsi pressoché a ogni circostanza, gioiosa, o, come nel presente caso, infausta.

(*Tutti sospirano.*)

L'ho usato per la festa della mietitura, per battesimi, cresime, nei giorni di penitenza e nei giorni gaudiosi. L'ultima volta che l'ho pronunciato è stato nella Cattedrale, per conto della Società per la Prevenzione del Malcontento nell'Alta Società. Monsignor Vescovo, che era presente, rimase molto colpito da talune delle analogie che ho delineato.

JACK Ah, a proposito! Lei ha parlato di battesimi, vero, reverendo Chasuble? Lei, suppongo, è bravissimo a battezzare, no?

(*Il reverendo Chasuble appare sorpreso.*)

Voglio dire che, naturalmente, lei battezza di continuo, non è vero?

MISS PRISM Si tratta — lo dico con rammarico — di uno dei compiti più ricorrenti del reverendo canonico, in questa parrocchia. Ho parlato spesso della questione con membri dei ceti meno abbienti. Ma quelli, sembra che la moderazione non sappiano neanche che cos'è.

CHASUBLE Vi è un qualche neonato in particolare di cui lei si interessa, signor Worthing? Suo fratello, credo, non aveva mai convolato: non è così?

JACK Oh, certo.

MISS PRISM (*con amarezza*) Così fa chi non vive che una vita di piaceri.

JACK Non si tratta di un bambino, caro reverendo. A me piacciono molto i bambini. No! Il fatto è che vorrei farmi battezzare io, questo pomeriggio, se lei non ha niente di meglio da fare.

CHASUBLE But surely, Mr Worthing, you have been christened already?

JACK I don't remember anything about it.

CHASUBLE But have you any grave doubts on the subject?

JACK I certainly intend to have. Of course I don't know if the thing would bother you in any way, or if you think I am a little too old now.

CHASUBLE Not at all. The sprinkling, and, indeed, the immersion of adults is a perfectly canonical practice.

JACK Immersion!

CHASUBLE You need have no apprehensions. Sprinkling is all that is necessary, or indeed I think advisable. Our weather is so changeable. At what hour would you wish the ceremony performed?

JACK Oh, I might trot round about five if that would suit you.

CHASUBLE Perfectly, perfectly! In fact I have two similar ceremonies to perform at that time. A case of twins that occurred recently in one of the outlying cottages on your own estate. Poor Jenkins the carter, a most hard-working man.

JACK Oh! I don't see much fun in being christened along with other babies. It would be childish. Would half-past five do?

CHASUBLE Admirably! Admirably! (*Takes out watch.*) And now, dear Mr Worthing, I will not intrude any longer into a house of sorrow. I would merely beg you not to be too much

CHASUBLE Ma lei, signor Worthing, certamente è già stato battezzato, no?

JACK Io non me lo ricordo.[1]

CHASUBLE Nutre forse qualche grave dubbio in proposito?

JACK Sono decisissimo a nutrirne. Non so se per caso la cosa le dia fastidio, o se pensa che io sia ormai un po' troppo vecchio.

CHASUBLE Nient'affatto. L'aspersione, e, in verità, l'immersione degli adulti è pratica perfettamente canonica.

JACK L'immersione?!

CHASUBLE Non vi è nulla di che allarmarsi. L'aspersione è più che sufficiente, o addirittura, a mio avviso, consigliabile. Il tempo in Inghilterra è sempre così incerto! A che ora desidera che la cerimonia abbia luogo?

JACK Oh, potrei fare un salto lì verso le cinque, se a lei sta bene.

CHASUBLE Perfettamente, perfettamente! Ho anzi altre due cerimonie analoghe da celebrare proprio a quell'ora. Un parto gemellare accaduto di recente in uno dei casolari più lontani della sua tenuta. Il povero Jenkins, il carrettiere, grande lavoratore.

JACK Oh, non mi sembra molto divertente farmi battezzare con altri poppanti! Sarebbe infantile. Alle cinque e mezza andrebbe bene?

CHASUBLE Meravigliosamente! Meravigliosamente! (*Tira fuori l'orologio*.)
Ma ora, signor Worthing, non voglio trattenermi oltre in questa casa di pianto. La prego soltanto di non la-

[1] La battuta (e v. anche a pp. 153-55 il dialogo tra Jack e Algernon sul battesimo) ha una piccola eco autobiografica. Battezzato come protestante il 26 aprile del 1855, il piccolo Oscar sarebbe stato ribattezzato come cattolico — attorno ai quattro o cinque anni — in occasione di uno dei ricorrenti progetti di sua madre di convertirsi appunto al cattolicesimo. (Cfr. R. Ellmann, *op. cit.*, p. 21.)

bowed down by grief. What seem to us bitter trials are often blessings in disguise.

MISS PRISM This seems to me a blessing of an extremely obvious kind.

Enter Cecily from the house.

CECILY Uncle Jack! Oh, I am pleased to see you back. But what horrid clothes you have got on! Do go and change them.

MISS PRISM Cecily!

CHASUBLE My child! my child!

Cecily goes towards Jack; he kisses her brow in a melancholy manner.

CECILY What is the matter, Uncle Jack? Do look happy! You look as if you had toothache, and I have got such a surprise for you. Who do you think is in the dining-room? Your brother!

JACK Who?

CECILY Your brother Ernest. He arrived about half an hour ago.

JACK What nonsense! I haven't got a brother.

CECILY Oh, don't say that. However badly he may have behaved to you in the past he is still your brother. You couldn't be so heartless as to disown him. I'll tell him to come out. And you will shake hands with him, won't you, Uncle Jack?

Runs back into the house.

CHASUBLE These are very joyful tidings.

MISS PRISM After we had all been resigned to his loss, his sudden return seems to me peculiarly distressing.

JACK My brother is in the dining-room? I don't know what it all means. I think it is perfectly absurd.

Enter Algernon and Cecily hand in hand. They come slowly up to Jack.

JACK Good heavens!

Motions Algernon away.

sciarsi troppo accasciare dal dolore. Quelle che possono sembrarci a volte dure prove, sono spesso benedizioni mascherate.

MISS PRISM Questa sembra a me una benedizione fin troppo evidente.

(*Entra Cecily dalla casa.*)

CECILY Zio Jack! Oh, come sono contenta che tu sia tornato. Ma che vestito orrendo ti sei messo! Va' subito a cambiarti.

MISS PRISM Cecily!

CHASUBLE Bambina mia! Bambina mia!

(*Cecily si avvicina a Jack, che la bacia sulla fronte con aria malinconica.*)

CECILY Che cosa c'è, zio Jack? Su con la vita! Hai una faccia che sembra che tu abbia il mal di denti, e io ho una così bella sorpresa per te! Indovina chi c'è in sala da pranzo? Tuo fratello!

JACK Chi?

CECILY Tuo fratello Ernest. È arrivato una mezz'ora fa.

JACK Che sciocchezza! Io non ho fratelli.

CECILY Oh, non dire così. Per quanto male possa essersi comportato con te in passato è sempre tuo fratello. Non puoi essere tanto spietato da rinnegarlo. Vado a dirgli di venire qui. E tu gli darai la mano, è vero, zio Jack?

(*Ritorna di corsa in casa.*)

CHASUBLE Queste son davvero liete novelle.

MISS PRISM Dopo che tutti ci eravamo ormai rassegnati alla sua perdita, questo suo improvviso ritorno sembra a me particolarmente imbarazzante.

JACK Mio fratello in sala da pranzo? Non capisco che cosa significa. Mi pare del tutto assurdo.

(*Entrano Algernon e Cecily, mano nella mano. Si dirigono lentamente verso Jack.*)

JACK Giusto cielo!

(*Tira Algernon da parte.*)

ALGERNON Brother John, I have come down from town to tell you that I am very sorry for all the trouble I have given you, and that I intend to lead a better life in the future.

Jack glares at him and does not take his hand.

CECILY Uncle Jack, you are not going to refuse your own brother's hand?

JACK Nothing will induce me to take his hand. I think his coming down here disgraceful. He knows perfectly well why.

CECILY Uncle Jack, do be nice. There is some good in every one. Ernest has just been telling me about his poor invalid friend Mr Bunbury whom he goes to visit so often. And surely there must be much good in one who is kind to an invalid, and leaves the pleasures of London to sit by a bed of pain.

JACK Oh! he has been talking about Bunbury, has he?

CECILY Yes, he has told me all about poor Mr Bunbury, and his terrible state of health.

JACK Bunbury! Well, I won't have him talk to you about Bunbury or about anything else. It is enough to drive one perfectly frantic.

ALGERNON Of course I admit that the faults were all on my side. But I must say that I think that Brother John's coldness to me is peculiarly painful. I expected a more enthusiastic welcome, especially considering it is the first time I have come here.

CECILY Uncle Jack, if you don't shake hands with Ernest I will never forgive you.

JACK Never forgive me?

CECILY Never, never, never!

JACK Well, this is the last time I shall ever do it.

Shakes hands with Algernon and glares.

ALGERNON Fratello Jack, ho lasciato la città e sono venuto fin qui per dirti che sono molto dispiaciuto per tutti i pensieri che ti ho dato finora, e che per il futuro intendo cambiar vita.

(*Jack lo fissa con intensità, senza stringergli la mano.*)

CECILY Zio Jack, non rifiuterai di stringere la mano a tuo fratello?

JACK Nulla al mondo potrà mai indurmi a tanto! La mia opinione è che la sua presenza qui è una vergogna. E lui sa benissimo perché.

CECILY Zio Jack, non fare il cattivo. In tutti noi c'è del buono. Ernest mi ha raccontato del suo povero amico malato, il signor Bunbury, che lui va a visitare così spesso. Come è possibile che non ci sia molto di buono, in un uomo così premuroso con un invalido, che lascia i piaceri di Londra per sedere accanto a un letto di dolore?

JACK Oh, ti ha parlato di Bunbury, eh?

CECILY Sì, mi ha detto tutto del povero signor Bunbury, e delle sue terribili condizioni di salute.

JACK Bunbury! Beh, io non permetto che lui ti parli di Bunbury né di nient'altro. Ce n'è abbastanza per far diventar matto chiunque.

ALGERNON Certo, io riconosco che le colpe sono tutte dalla mia parte. Ma devo dire che la freddezza di Fratello Jack nei miei riguardi mi è di molto dolore. Mi aspettavo davvero un'accoglienza più entusiastica, tenendo conto soprattutto che è la prima volta che vengo qui.

CECILY Zio Jack, se non stringi la mano a Ernest non ti perdonerò mai più!

JACK Non mi perdonerai?

CECILY Mai più, mai più, mai più!

JACK Bene, questa è l'ultima volta in vita mia.

(*Stringe la mano ad Algernon fulminandolo con lo sguardo.*)

CHASUBLE It's pleasant, is it not, to see so perfect a reconciliation? I think we might leave the two brothers together.

MISS PRISM Cecily, you will come with us.

CECILY Certainly, Miss Prism. My little task of reconciliation is over.

CHASUBLE You have done a beautiful action to-day, dear child.

MISS PRISM We must not be premature in our judgments.

CECILY I feel very happy.

They all go off except Jack and Algernon.

JACK You young scoundrel, Algy, you must get out of this place as soon as possible. I don't allow any Bunburying here.

Enter Merriman.

MERRIMAN I have put Mr Ernest's things in the room next to yours, sir. I suppose that is all right?

JACK What?

MERRIMAN Mr Ernest's luggage, sir. I have unpacked it and put it in the room next to your own.

JACK His luggage?

MERRIMAN Yes, sir. Three portmanteaus, a dressing-case, two hat-boxes, and a large luncheon-basket.

ALGERNON I am afraid I can't stay more than a week this time.

JACK Merriman, order the dog-cart at once. Mr Ernest has been suddenly called back to town.

MERRIMAN Yes, sir.

Goes back into the house.

ALGERNON What a fearful liar you are, Jack. I have not been called back to town at all.

JACK Yes, you have.

ALGERNON I haven't heard any one call me.

JACK Your duty as a gentleman calls you back.

CHASUBLE Quanto è edificante, non è vero?, essere testimoni di una così bella riconciliazione! Potremmo forse lasciare soli i due fratelli.

MISS PRISM Cecily, tu vieni con noi.

CECILY Certo, Miss Prism. Il mio compito di riconciliatrice è terminato.

CHASUBLE Oggi hai davvero compiuto un'opera buona, bambina cara.

MISS PRISM Non dobbiamo pronunciare giudizi affrettati.

CECILY Mi sento molto felice.

(*Escono tutti, a eccezione di Jack e di Algernon.*)

JACK Algy, disgraziato, tu devi andartene via da questa casa al più presto! Qui non permetto bunburismi di nessun genere!

(*Entra Merriman.*)

MERRIMAN Ho messo il bagaglio del signor Ernest nella stanza vicino alla sua, signore. Va bene così?

JACK Cosa?!

MERRIMAN Il bagaglio del signor Ernest, signore. Ho scaricato le valigie e ho messo tutto nella stanza vicina alla sua.

JACK Il suo bagaglio?

MERRIMAN Sì, signore. Tre *portemanteaux*, una valigetta da toilette, due portacappelli e un grande cesto da pic-nic.

ALGERNON Temo questa volta di non poter stare più di una settimana.

JACK Merriman, fa' venire subito il calesse. Il signor Ernest è stato improvvisamente richiamato in città.

MERRIMAN Sì, signore.

(*Rientra in casa.*)

ALGERNON Sei un bugiardo spaventoso, Jack. Io non sono stato affatto richiamato in città.

JACK E invece sì.

ALGERNON Io non ho sentito nessun richiamo.

JACK È il tuo dovere di gentiluomo che ti richiama.

ALGERNON My duty as a gentleman has never interfered with my pleasures in the smallest degree.

JACK I can quite understand that.

ALGERNON Well, Cecily is a darling.

JACK You are not to talk of Miss Cardew like that. I don't like it.

ALGERNON Well, I don't like your clothes. You look perfectly ridiculous in them. Why on earth don't you go up and change? It is perfectly childish to be in deep mourning for a man who is actually staying for a whole week with you in your house as a guest. I call it grotesque.

JACK You are certainly not staying with me for a whole week as a guest or anything else. You have got to leave... by the four-five train.

ALGERNON I certainly won't leave you so long as you are in mourning. It would be most unfriendly. If I were in mourning you would stay with me, I suppose. I should think it very unkind if you didn't.

JACK Well, will you go if I change my clothes?

ALGERNON Yes, if you are not too long. I never saw anybody take so long to dress, and with such little result.

JACK Well, at any rate, that is better than being always over-dressed as you are.

ALGERNON If I am occasionally a little over-dressed, I make up for it by being always immensely over-educated.

JACK Your vanity is ridiculous, your conduct an outrage, and your presence in my garden utterly absurd. However, you have got to catch the four-five, and I hope you will have a pleasant journey back to town. This Bunburying, as you call it, has not been a great success for you.

Goes into the house.

ALGERNON I think it has been a great success. I'm in love with Cecily, and that is everything.

ALGERNON Il mio dovere di gentiluomo non ha mai interferito con i piaceri della mia esistenza.

JACK Questo lo si vede.

ALGERNON Bene: Cecily è adorabile.

JACK E non parlare della signorina Cardew in quel modo. Non mi piace.

ALGERNON Beh, e a me non piace come sei vestito. Sei ridicolo. Si può sapere perché non vai a cambiarti? È assolutamente puerile essere in lutto stretto per una persona che è venuta a stare con te, ospite tuo, nella tua casa, per un'intera settimana. Io direi che è grottesco.

JACK Tu di certo non stai qui con me per un'intera settimana, né come ospite né altro. Tu te ne vai... col treno delle quattro e cinque.

ALGERNON Io di certo non posso andarmene finché sei in lutto. Sarebbe molto scortese. Se io fossi in lutto tu staresti con me, suppongo. Mi sembrerebbe molto maleducato che tu te ne andassi.

JACK Va bene: se mi cambio te ne vai?

ALGERNON Sì, se non ci metti troppo. Non ho mai visto nessuno metterci tanto tempo a vestirsi, e con così modesti risultati.

JACK Beh, comunque, meglio così che essere sempre ultra-ricercato come te.

ALGERNON Se mi capita a volte di essere ultra-ricercato nel vestire, compenso il fatto con l'essere sempre ultraraffinato in tutto.

JACK Le arie che ti dai sono ridicole, il tuo comportamento una vergogna, e la tua presenza nel mio giardino radicalmente assurda. Comunque, devi prendere il treno delle quattro e cinque, e spero tu faccia buon viaggio. Questa volta il tuo bunburismo, come tu lo chiami, non è stato un grande successo.

(*Entra in casa.*)

ALGERNON Secondo me lo è stato, un grande successo. Mi sono innamorato di Cecily: ti pare poco?

Enter Cecily at the back of the garden. She picks up the can and begins to water the flowers.

But I must see her before I go, and make arrangements for another Bunbury. Ah, there she is.

CECILY Oh, I merely came back to water the roses. I thought you were with Uncle Jack.

ALGERNON He's gone to order the dog-cart for me.

CECILY Oh, is he going to take you for a nice drive?

ALGERNON He's going to send me away.

CECILY Then have we got to part?

ALGERNON I am afraid so. It's a very painful parting.

CECILY It is always painful to part from people whom one has known for a very brief space of time. The absence of old friends one can endure with equanimity. But even a momentary separation from any one to whom one has just been introduced is almost unbearable.

ALGERNON Thank you.

Enter Merriman.

MERRIMAN The dog-cart is at the door, sir. (*Algernon looks appealingly at Cecily.*)

CECILY It can wait, Merriman . . . for . . . five minutes.

MERRIMAN Yes, Miss.

Exit Merriman.

ALGERNON I hope, Cecily, I shall not offend you if I state quite frankly and openly that you seem to me to be in every way the visible personification of absolute perfection.

CECILY I think your frankness does you great credit, Ernest. If you will allow me, I will copy your remarks into my diary.

Goes over to table and begins writing in diary.

ALGERNON Do you really keep a diary? I'd give anything to look at it. May I?

CECILY Oh no. (*Puts her hand over it.*) You see, it is simply a

(*Entra Cecily dal fondo del giardino. Raccoglie l'annaffiatoio e comincia ad annaffiare i fiori.*)

Ma prima di partire devo vederla, e prendere accordi per un altro episodio di bunburismo. Ah, eccola qui.

CECILY Oh, sono tornata qui solo per annaffiare le rose. Credevo che tu fossi con lo zio Jack.

ALGERNON È andato a ordinare il calesse per me.

CECILY Oh, ti porta a fare una passeggiata?

ALGERNON Mi vuol mandare via.

CECILY Allora dobbiamo lasciarci?

ALGERNON Ho paura di sì. Sarà molto doloroso.

CECILY È sempre doloroso lasciare persone appena conosciute. La lontananza di vecchi amici si può sopportarla in tutta serenità d'animo. Ma ogni pur breve distacco dalla persona alla quale si è stati appena presentati è pressoché insopportabile.

ALGERNON Grazie.

(*Entra Merriman.*)

MERRIMAN Il calesse è alla porta, signore.

(*Algernon guarda Cecily in cerca d'aiuto.*)

CECILY Il calesse può aspettare, Merriman... per... cinque minuti.

MERRIMAN Sì, signorina.

(*Esce Merriman.*)

ALGERNON Spero che tu non ti senta offesa, Cecily, se io affermo in tutta sincerità e schiettezza che tu mi appari in tutto e per tutto la tangibile personificazione della perfezione assoluta.

CECILY Penso che la tua sincerità ti faccia molto onore, Ernest. Se permetti, annoto la tua osservazione nel mio diario.

(*Va al tavolo e comincia a scrivere nel diario.*)

ALGERNON Davvero tieni un diario? Che cosa non darei per poterlo leggere. Posso?

CECILY Oh no!

(*Lo copre con una mano.*)

very young girl's record of her own thoughts and impressions, and consequently meant for publication. When it appears in volume form I hope you will order a copy. But pray, Ernest, don't stop. I delight in taking down from dictation. I have reached 'absolute perfection'. You can go on. I am quite ready for more.

ALGERNON (*somewhat taken aback*) Ahem! Ahem!

CECILY Oh, don't cough, Ernest. When one is dictating one should speak fluently and not cough. Besides, I don't know how to spell a cough.

Writes as Algernon speaks.

ALGERNON (*speaking very rapidly*) Cecily, ever since I first looked upon your wonderful and incomparable beauty, I have dared to love you wildly, passionately, devotedly, hopelessly.

CECILY I don't think that you should tell me that you love me wildly, passionately, devotedly, hopelessly. Hopelessly doesn't seem to make much sense, does it?

ALGERNON Cecily!

Enter Merriman.

MERRIMAN The dog-cart is waiting, sir.

ALGERNON Tell it to come round next week, at the same hour.

MERRIMAN (*looks at Cecily, who makes no sign*) Yes, sir.

Merriman retires.

CECILY Uncle Jack would be very much annoyed if he knew you were staying on till next week, at the same hour.

ALGERNON Oh, I don't care about Jack. I don't care for anybody in the whole world but you. I love you, Cecily. You will marry me, won't you?

CECILY You silly boy! Of course. Why, we have been engaged for the last three months.

Vedi, sono soltanto piccoli appunti di pensieri e impressioni di una ragazzina, e di conseguenza scritti più che altro per essere pubblicati. Quando saranno raccolti in volume, spero che ne ordinerai una copia. Ma ti prego, Ernest, va' avanti. Mi piace molto scrivere sotto dettatura. Sono arrivata a «perfezione assoluta». Sono pronta: e poi?

ALGERNON (*Colto un po' alla sprovvista*) Ehm, ehm!

CECILY Oh, non tossire, Ernest. Quando si sta dettando si deve parlare chiaro e senza tossire. E poi, io non so come si scriva un colpo di tosse.

(*Scrive, mentre Algernon parla.*)

ALGERNON (*parlando molto in fretta*) Cecily, da quando mi è caduto l'occhio sulla tua meravigliosa e incomparabile bellezza, ho osato amarti forsennatamente, appassionatamente, devotamente, disperatamente.

CECILY Non credo che tu possa dirmi di amarmi forsennatamente, appassionatamente, devotamente, disperatamente. Disperatamente mi sembra un controsenso, non ti pare?

ALGERNON Cecily.

(*Entra Merriman.*)

MERRIMAN Il calesse sta aspettando, signore.

ALGERNON Digli di ritornare la settimana prossima, alla stessa ora.

MERRIMAN (*guarda Cecily, che non si muove*) Sì, signore.

(*Merriman si ritira.*)

CECILY Lo zio Jack si seccherebbe moltissimo se sapesse che tu stai qui fino alla settimana prossima, alla stessa ora.

ALGERNON Oh, non m'importa niente di Jack. Di niente m'importa al mondo all'infuori di te. Io ti amo, Cecily. Mi sposerai, non è vero?

CECILY Ma che sciocchino! Ma certo. Ma se è tre mesi che siamo fidanzati!

ALGERNON For the last three months?

CECILY Yes, it will be exactly three months on Thursday.

ALGERNON But how did we become engaged?

CECILY Well, ever since dear Uncle Jack first confessed to us that he had a younger brother who was very wicked and bad, you of course have formed the chief topic of conversation between myself and Miss Prism. And of course a man who is much talked about is always very attractive. One feels there must be something in him, after all. I daresay it was foolish of me, but I fell in love with you, Ernest.

ALGERNON Darling. And when was the engagement actually settled?

CECILY On the 14th of February last. Worn out by your entire ignorance of my existence, I determined to end the matter one way or the other, and after a long struggle with myself I accepted you under this dear old tree here. The next day I bought this little ring in your name, and this is the little bangle with the true lover's knot I promised you always to wear.

ALGERNON Did I give you this? It's very pretty, isn't it?

CECILY Yes, you've wonderfully good taste, Ernest. It's the excuse I've always given for your leading such a bad life. And this is the box in which I keep all your dear letters.

Kneels at table, opens box, and produces letters tied up with blue ribbon.

ALGERNON My letters! But, my own sweet Cecily, I have never written you any letters.

CECILY You need hardly remind me of that, Ernest. I remember only too well that I was forced to write your letters for you. I wrote always three times a week, and sometimes oftener.

ALGERNON Tre mesi?

CECILY Sì, giovedì prossimo sono tre mesi esatti.

ALGERNON Ma come abbiamo fatto a fidanzarci?

CECILY Beh, fin dalla prima volta che lo zio Jack ci ha confessato di avere un fratello minore molto cattivo e corrotto, tu sei diventato naturalmente il principale argomento di conversazione tra Miss Prism e me. E naturalmente più un uomo è chiacchierato più risulta interessante. Si sente che in lui, tutto sommato, deve esserci qualcosa. Ammetto che è stata una follia da parte mia, pure mi sono innamorata di te, Ernest.

ALGERNON Tesoro. E quand'è che ci siamo fidanzati, esattamente?

CECILY Il quattordici febbraio ultimo scorso. Esasperata dalla tua assoluta ignoranza della mia esistenza, io avevo deciso di porre termine alla questione, o in un modo o in un altro, e dopo una lunga lotta interiore ti ho accettato come fidanzato sotto questo vecchio albero qui. Il giorno dopo ho comperato per conto tuo questo anellino, e questo è il braccialetto con il nodo del vero amore, che io ti ho promesso di portare per sempre.

ALGERNON Te l'ho regalato io? È molto carino, non è vero?

CECILY Sì, hai molto buon gusto, Ernest. È la scusa che ti ho sempre trovato per la cattiva vita che hai condotto. E questa è la scatola in cui conservo tutte le tue care lettere.

(*Si inginocchia al tavolo, apre una scatola, e tira fuori delle lettere legate con un nastro azzurro*.)

ALGERNON Le mie lettere! Ma, mia dolce Cecily, io non t'ho mai scritto nessuna lettera!

CECILY Non c'è nessun bisogno che tu me lo dica, Ernest. Come se non lo sapessi, che ho dovuto scrivermele io. Mi sono scritta tre volte alla settimana, e qualche volta anche di più.

ALGERNON Oh, do let me read them, Cecily?

CECILY Oh, I couldn't possibly. They would make you far too conceited. (*Replaces box.*) The three you wrote me after I had broken off the engagement are so beautiful, and so badly spelled, that even now I can hardly read them without crying a little.

ALGERNON But was our engagement ever broken off?

CECILY Of course it was. On the 22nd of last March. You can see the entry if you like. (*Shows diary.*) 'To-day I broke off my engagement with Ernest. I feel it is better to do so. The weather still continues charming.'

ALGERNON But why on earth did you break it off? What had I done? I had done nothing at all. Cecily, I am very much hurt indeed to hear you broke it off. Particularly when the weather was so charming.

CECILY It would hardly have been a really serious engagement if it hadn't been broken off at least once. But I forgave you before the week was out.

ALGERNON (*crossing to her, and kneeling*) What a perfect angel you are, Cecily.

CECILY You dear romantic boy.

He kisses her, she puts her fingers through his hair.

I hope your hair curls naturally, does it?

ALGERNON Yes, darling, with a little help from others.

CECILY I am so glad.

ALGERNON You'll never break off our engagement again Cecily?

CECILY I don't think I could break it off now that I have actually met you. Besides, of course, there is the question of your name.

ALGERNON Yes, of course. (*Nervously.*)

CECILY You must not laugh at me, darling, but it had always

ALGERNON Oh, me le fai leggere, Cecily?

CECILY Oh, non è possibile. Ti daresti troppe arie.

(*Ripone la scatola.*)

Le tre che mi hai scritto dopo la rottura del nostro fidanzamento sono così belle, e così piene di errori d'ortografia, che neanche adesso riesco a leggerle senza piangere un pochino.

ALGERNON Ma il nostro fidanzamento è stato rotto?

CECILY Ma certo. Il ventidue dello scorso marzo. Se vuoi te lo faccio vedere nel diario.

(*Mostra il diario.*)

«Quest'oggi ho rotto il mio fidanzamento con Ernest. Penso sia meglio così. Il tempo comunque continua a esser bello.»

ALGERNON E si può sapere perché l'hai rotto? Che cosa avevo fatto? Io non avevo fatto assolutamente niente. Cecily, mi offende molto sapere che tu hai rotto il nostro fidanzamento. Soprattutto quando il tempo continuava a esser bello.

CECILY Non sarebbe stato un fidanzamento serio se non fosse stato rotto almeno una volta. E poi, entro la fine della settimana, ti avevo già perdonato.

ALGERNON (*avvicinandosi a lei, e inginocchiandosi*) Che angelo che sei, Cecily.

CECILY Il mio romantico ragazzo!

(*Egli la bacia, lei gli passa le dita tra i capelli.*)

Sono riccioli naturali, spero. Vero?

ALGERNON Sì, tesoro, con qualche piccolo aiuto altrui.

CECILY Sono contenta.

ALGERNON Non lo romperai più il nostro fidanzamento, vero, Cecily?

CECILY Non credo che potrei romperlo, ora che ti ho conosciuto di persona. E poi, naturalmente, c'è la questione del tuo nome.

ALGERNON (*nervosamente*) Sì, certo.

CECILY Non devi ridere di me, tesoro, ma è sempre stato

been a girlish dream of mine to love some one whose name was Ernest.

Algernon rises, Cecily also.

There is something in that name that seems to inspire absolute confidence. I pity any poor married woman whose husband is not called Ernest.

ALGERNON But, my dear child, do you mean to say you could not love me if I had some other name?

CECILY But what name?

ALGERNON Oh, any name you like – Algernon – for instance . . .

CECILY But I don't like the name of Algernon.

ALGERNON Well, my own dear, sweet, loving little darling, I really can't see why you should object to the name of Algernon. It is not at all a bad name. In fact, it is rather an aristocratic name. Half of the chaps who get into the Bankruptcy Court are called Algernon. But seriously, Cecily . . . (*Moving to her*) . . . if my name was Algy, couldn't you love me?

CECILY (*rising*) I might respect you, Ernest, I might admire your character, but I fear that I should not be able to give you my undivided attention.

ALGERNON Ahem! Cecily! (*Picking up hat.*) Your Rector here is, I suppose, thoroughly experienced in the practice of all the rites and ceremonials of the Church?

CECILY Oh, yes. Dr Chasuble is a most learned man. He has never written a single book, so you can imagine how much he knows.

ALGERNON I must see him at once on a most important christening – I mean on most important business.

CECILY Oh!

ALGERNON I shan't be away more than half an hour.

un mio sogno infantile, quello di amare qualcuno che si chiamasse Ernest.

(*Algernon si alza, e si alza anche Cecily.*)

C'è qualcosa, nel nome di Ernest, che ispira una grande fiducia. Non posso che compiangere tutte quelle povere donne sposate il cui marito non si chiami Ernest.

ALGERNON Ma, bambina mia cara, sarebbe a dire che non potresti amarmi se il mio nome fosse un altro?

CECILY Per esempio?

ALGERNON Oh, qualsiasi altro nome. Algernon, per esempio...

CECILY Ma a me Algernon non piace.

ALGERNON Beh, mio piccolo, dolce, adorabile tesoro, proprio non vedo che cosa potresti dire contro Algernon. È tutt'altro che un brutto nome. Anzi, è un nome alquanto aristocratico. Una buona metà dei tizi che finiscono davanti alla Corte dei Fallimenti si chiamano Algernon. Ma seriamente, Cecily...

(*Le si avvicina.*)

...se il mio nome fosse Algy, tu non potresti amarmi?

CECILY (*alzandosi*) Potrei rispettarti, Ernest, potrei ammirare la tua personalità, ma temo che non sarei in grado di darti per intero la mia devozione.

ALGERNON Ehm! Cecily!

(*Prendendo il cappello.*)

Il vostro parroco, qui, suppongo, è molto pratico di tutti i riti e le cerimonie della Chiesa?

CECILY Oh, sì. Il reverendo Chasuble è uomo di grande cultura. Non ha mai scritto un libro, quindi puoi immaginarti quante cose conosce.

ALGERNON Devo vederlo subito per un importantissimo battesimo... Voglio dire, per una questione importantissima.

CECILY Oh!

ALGERNON Non starò via per più di una mezz'ora.

CECILY Considering that we have been engaged since February the 14th, and that I only met you to-day for the first time, I think it is rather hard that you should leave me for so long a period as half an hour. Couldn't you make it twenty minutes?

ALGERNON I'll be back in no time.

Kisses her and rushes down the garden.

CECILY What an impetuous boy he is! I like his hair so much. I must enter his proposal in my diary.

Enter Merriman.

MERRIMAN A Miss Fairfax has just called to see Mr Worthing. On very important business, Miss Fairfax states.

CECILY Isn't Mr Worthing in his library?

MERRIMAN Mr Worthing went over in the direction of the Rectory some time ago.

CECILY Pray ask the lady to come out here; Mr Worthing is sure to be back soon. And you can bring tea.

MERRIMAN Yes, Miss.

Goes out.

CECILY Miss Fairfax! I suppose one of the many good elderly women who are associated with Uncle Jack in some of his philanthropic work in London. I don't quite like women who are interested in philanthropic work. I think it is so forward of them.

Enter Merriman.

MERRIMAN Miss Fairfax.

Enter Gwendolen. Exit Merriman.

CECILY (*advancing to meet her*) Pray let me introduce myself to you. My name is Cecily Cardew.

GWENDOLEN Cecily Cardew? (*Moving to her and shaking hands.*) What a very sweet name! Something tells me that we are going to be great friends. I like you already more than I can

CECILY Considerando che siamo fidanzati dal 14 febbraio, e che ti ho conosciuto oggi per la prima volta, mi pare molto brutto che tu mi lasci per un periodo di nientemeno che mezz'ora. Non si potrebbe far venti minuti?

ALGERNON Sarò di ritorno in un batter d'occhio.

(*La bacia ed esce di corsa per il giardino.*)

CECILY Che ragazzo impetuoso! Mi piacciono molto i suoi capelli. Devo registrare nel diario la sua domanda di matrimonio.

(*Entra Merriman.*)

MERRIMAN C'è una signorina Fairfax che chiede del signor Worthing. Per una questione di estrema importanza, a detta della signorina Fairfax.

CECILY Il signor Worthing è nel suo studio?

MERRIMAN Il signor Worthing è uscito poco fa, dirigendosi verso il Vicariato.

CECILY Faccia accomodare qui la signorina: il signor Worthing tornerà subito. E poi serva pure il tè.

MERRIMAN Sì, signorina.

(*Esce.*)

CECILY La signorina Fairfax! Suppongo sia una delle tante brave vecchiette che hanno a che fare con lo zio Jack a Londra per le sue attività filantropiche. Non mi piacciono molto le donne che si interessano di opere filantropiche. Mi sembra un po' invadente da parte loro.

(*Entra Merriman.*)

MERRIMAN La signorina Fairfax.

(*Entra Gwendolen. Esce Merriman.*)

CECILY (*andandole incontro*) Permetta che io mi presenti. Sono Cecily Cardew.

GWENDOLEN Cecily Cardew?

(*Avvicinandosi e stringendole la mano.*)

Un nome molto dolce! Qualcosa mi dice che diventeremo grandi amiche. La trovo gradevole più di quanto

say. My first impressions of people are never wrong.

CECILY How nice of you to like me so much after we have known each other such a comparatively short time. Pray sit down.

GWENDOLEN (*still standing up*) I may call you Cecily, may I not?

CECILY With pleasure!

GWENDOLEN And you will always call me Gwendolen won't you?

CECILY If you wish.

GWENDOLEN Then that is all quite settled, is it not?

CECILY I hope so.

A pause. They both sit down together.

GWENDOLEN Perhaps this might be a favourable opportunity for my mentioning who I am. My father is Lord Bracknell. You have never heard of papa, I suppose?

CECILY I don't think so.

GWENDOLEN Outside the family circle, papa, I am glad to say, is entirely unknown. I think that is quite as it should be. The home seems to me to be the proper sphere for the man. And certainly once a man begins to neglect his domestic duties he becomes painfully effeminate, does he not? And I don't like that. It makes men so very attractive. Cecily, mamma, whose views on education are remarkably strict, has brought me up to be extremely short-sighted; it is part of her system; so do you mind my looking at you through my glasses?

CECILY Oh! not at all, Gwendolen. I am very fond of being looked at.

GWENDOLEN (*after examining Cecily carefully through a lorgnette*) You are here on a short visit, I suppose.

CECILY Oh no! I live here.

possa dire. La mia prima impressione di una persona non è mai sbagliata.

CECILY È molto gentile da parte sua trovarmi gradevole dopo una conoscenza relativamente così breve. Prego, si accomodi.

GWENDOLEN (*ancora in piedi*) Posso chiamarla Cecily, e darle del tu?

CECILY Con piacere!

GWENDOLEN E tu mi chiamerai sempre Gwendolen, vero?

CECILY Se non ti dispiace.

GWENDOLEN Allora questo è a posto, vero?

CECILY Lo spero.

(*Pausa. Siedono contemporaneamente.*)

GWENDOLEN Forse questo è il momento giusto per dirti chi sono io. Mio padre è Lord Bracknell. Mai sentito nominare papino, suppongo.

CECILY Non mi pare.

GWENDOLEN Al di fuori del ristretto ambito familiare, papino infatti, sono lieta di poterlo dire, è del tutto sconosciuto. E penso che così sia giusto che sia. A mio avviso casa e famiglia sono l'adeguata sfera dell'uomo. E come un uomo comincia a trascurare i propri doveri domestici immancabilmente diventa sgradevolmente effeminato, non è vero? E questo a me non piace. Rende gli uomini molto meno interessanti. Cecily, le rigorose concezioni educative di mammà mi hanno condotta a una forte miopia; fa parte del suo metodo: spero quindi che non ti dispiaccia se ti guardo meglio attraverso gli occhiali.

CECILY Oh, per niente, Gwendolen! A me piace molto essere guardata.

GWENDOLEN (*dopo aver attentamente esaminato Cecily attraverso una* lorgnette) Sei qui di passaggio, suppongo.

CECILY Oh, no! Io abito qui.

GWENDOLEN (*severely*) Really? Your mother, no doubt, or some female relative of advanced years, resides here also?

CECILY Oh no! I have no mother, nor, in fact, any relations.

GWENDOLEN Indeed?

CECILY My dear guardian, with the assistance of Miss Prism, has the arduous task of looking after me.

GWENDOLEN Your guardian?

CECILY Yes, I am Mr Worthing's ward.

GWENDOLEN Oh! It is strange he never mentioned to me that he had a ward. How secretive of him! He grows more interesting hourly. I am not sure, however, that the news inspires me with feelings of unmixed delight. (*Rising and going to her.*) I am very fond of you, Cecily; I have liked you ever since I met you! But I am bound to state that now that I know that you are Mr Worthing's ward, I cannot help expressing a wish you were – well, just a little older than you seem to be – and not quite so very alluring in appearance. In fact, if I may speak candidly –

CECILY Pray do! I think that whenever one has anything unpleasant to say, one should always be quite candid.

GWENDOLEN Well, to speak with perfect candour, Cecily, I wish that you were fully forty-two, and more than usually plain for your age. Ernest has a strong upright nature. He is the very soul of truth and honour. Disloyalty would be as impossible to him as deception. But even men of the noblest possible moral character are extremely susceptible to the influence of the physical charms of others. Modern, no less than Ancient History, supplies us with many most painful examples of what I refer to. If it were not so, indeed, History would be quite unreadable.

GWENDOLEN (*severamente*) Davvero? Senza dubbio allora abita qui anche tua madre, o una qualche tua parente d'età avanzata.

CECILY Oh no! Io non ho la mamma, né altri parenti.

GWENDOLEN Veramente?

CECILY L'arduo compito di prendersi cura di me spetta al mio caro tutore, con l'assistenza di Miss Prism.

GWENDOLEN Il tuo tutore?

CECILY Sì, io sono la pupilla del signor Worthing.

GWENDOLEN Oh! Strano che egli non mi abbia mai detto di avere una pupilla. Molto misterioso da parte sua! Lo trovo di ora in ora sempre più interessante. E tuttavia non potrei giurare che questa notizia mi colmi di incondizionata letizia.

(*Alzandosi e avvicinandosi a lei.*)

Tu mi sei molto simpatica, Cecily: mi sei piaciuta subito, come t'ho conosciuta! Ma ora che so che tu sei la pupilla del signor Worthing, non posso fare a meno di dire che preferirei tu fossi... beh, un pochino più vecchia di quel che probabilmente sei, e di aspetto un po' meno seducente. In effetti, se posso parlare con il cuore in mano...

CECILY Sì, ti prego! Io credo che sempre, quando si sta per dire qualcosa di sgradevole, si debba parlare con il cuore in mano.

GWENDOLEN Bene, per parlare dunque con il cuore in mano, Cecily, preferirei di molto che tu avessi quarantadue anni, e che tu fossi particolarmente brutta per la tua età. Ernest è uomo di forte e integerrimo carattere. È l'esempio incorruttibile della dirittura morale. Slealtà e inganno mai potrebbero albergare in lui. Ma anche gli uomini della più eccelsa nobiltà d'animo si mostrano estremamente sensibili all'influenza delle qualità fisiche altrui. La Storia Moderna, al pari di quella Antica, ci fornisce numerosi e dolorosi esempi di quanto affermo. Se così non fosse, del resto, la Storia sarebbe assolutamente illeggibile.

CECILY I beg your pardon, Gwendolen, did you say Ernest?

GWENDOLEN Yes.

CECILY Oh, but it is not Mr Ernest Worthing who is my guardian. It is his brother – his elder brother.

GWENDOLEN (*sitting down again*) Ernest never mentioned to me that he had a brother.

CECILY I am sorry to say they have not been on good terms for a long time.

GWENDOLEN Ah! that accounts for it. And now that I think of it I have never heard any man mention his brother. The subject seems distasteful to most men. Cecily, you have lifted a load from my mind. I was growing almost anxious. It would have been terrible if any cloud had come across a friendship like ours, would it not? Of course you are quite, quite sure that it is not Mr Ernest Worthing who is your guardian?

CECILY Quite sure. (*A pause.*) In fact, I am going to be his.

GWENDOLEN (*inquiringly.*) I beg your pardon?

CECILY (*rather shy and confidingly*) Dearest Gwendolen, there is no reason why I should make a secret of it to you. Our little country newspaper is sure to chronicle the fact next week. Mr Ernest Worthing and I are engaged to be married.

GWENDOLEN (*quite politely, rising*) My darling Cecily, I think there must be some slight error. Mr Ernest Worthing is engaged to me. The announcement will appear in the *Morning Post* on Saturday at the latest.

CECILY (*very politely, rising*) I am afraid you must be under some misconception. Ernest proposed to me exactly ten minutes ago.

Shows diary.

GWENDOLEN (*examines diary through her lorgnette carefully.*) It is certainly very curious, for he asked me to be his wife yester-

CECILY Chiedo scusa, Gwendolen: hai detto Ernest?

GWENDOLEN Sì.

CECILY Oh, ma il mio tutore non è il signor Ernest Worthing. È suo fratello: suo fratello maggiore.

GWENDOLEN (*tornando a sedersi*) Ernest non mi ha mai detto di avere un fratello.

CECILY Mi spiace dover dire che per lungo tempo non sono stati in buoni rapporti.

GWENDOLEN Ah, questo spiega tutto! E adesso che ci penso, credo di non aver mai sentito un uomo parlare del proprio fratello. Per gli uomini dev'essere un argomento di cattivo gusto. Cecily, mi sono liberata di un gran peso. Stavo quasi preoccupandomi. Sarebbe stato terribile se una qualche nuvola fosse giunta a turbare la nostra amicizia, non è vero? Naturalmente, tu sei proprio sicura che il tuo guardiano non sia il signor Ernest Worthing?

CECILY Sicurissima.

(*Pausa.*)

Anzi: stiamo per sposarci.

GWENDOLEN (*inquisitoria*) Pardon?

CECILY (*un po' timidamente, e in confidenza*) Gwendolen carissima, non c'è ragione che io debba tenerlo nascosto a te. Il giornalino locale ne darà senz'altro l'annuncio la settimana prossima. Il signor Ernest Worthing e io siamo fidanzati, e ci sposeremo presto.

GWENDOLEN (*educatamente, alzandosi*) Mia cara Cecily, credo ci sia un piccolo errore. Il signor Ernest Worthing è fidanzato con me. La notizia figurerà sul «Morning Post» di sabato prossimo al più tardi.

CECILY (*molto educatamente, alzandosi*) Ho paura che tu sia vittima di un qualche malinteso. Ernest ha chiesto la mia mano esattamente dieci minuti fa.

(*Le mostra il diario.*)

GWENDOLEN (*esamina attentamente il diario con l'occhialino*) Molto strano, perché a me ha chiesto di di-

day afternoon at 5.30. If you would care to verify the incident, pray do so. (*Produces diary of her own.*) I never travel without my diary. One should always have something sensational to read in the train. I am so sorry, dear Cecily, if it is any disappointment to you, but I am afraid I have the prior claim.

CECILY It would distress me more than I can tell you, dear Gwendolen, if it caused you any mental or physical anguish, but I feel bound to point out that since Ernest proposed to you he clearly has changed his mind.

GWENDOLEN (*meditatively*) If the poor fellow has been entrapped into any foolish promise I shall consider it my duty to rescue him at once, and with a firm hand.

CECILY (*thoughtfully and sadly*) Whatever unfortunate entanglement my dear boy may have got into, I will never reproaeh him with it after we are married.

GWENDOLEN Do you allude to me, Miss Cardew, as an entanglement? You are presumptuous. On an occasion of this kind it becomes more than a moral duty to speak one's mind. It becomes a pleasure.

CECILY Do you suggest, Miss Fairfax, that I entrapped Ernest into an engagement? How dare you? This is no time for wearing the shallow mask of manner. When I see a spade I call it a spade.

GWENDOLEN (*satirically*) I am glad to say that I have never seen a spade. It is obvious that our social spheres have been widely different.

Enter Merriman, followed by the footman. He carries a salver, table cloth, and plate stand. Cecily is about to retort. The presence of the servants exercises a restraining influence, under which both girls chafe.

ventare sua moglie ieri pomeriggio alle cinque e trenta. Se vuoi verificare il fatto, non fare complimenti.

(*Tira fuori il proprio diario.*)

Non viaggio mai senza il mio diario. Bisogna sempre avere qualcosa di sensazionale da leggere in treno. Mi dispiace, Cecily cara, doverti dare questa delusione, ma temo di avere un diritto di precedenza.

CECILY Mi deprimerebbe oltre ogni dire, cara Gwendolen, l'esserti causa di angosce fisiche o mentali, ma sento di dover puntualizzare che dopo aver chiesto la tua mano Ernest ha evidentemente cambiato idea.

GWENDOLEN (*meditabonda*) Se quel povero ragazzo è stato invischiato in qualche assurdo impegno, io considererò mio dovere salvarlo immediatamente e con la massima decisione.

CECILY (*pensierosa e triste*) Quale che sia l'infernale trappola nella quale il mio caro ragazzo possa essere caduto, mai glielo rinfaccerò una volta che saremo marito e moglie.

GWENDOLEN Signorina Cardew, allude a me con la parola trappola? Lei è alquanto presuntuosa. In circostanze come questa esprimere la propria opinione diventa qualcosa di più di un dovere morale: diventa un piacere.

CECILY Signorina Fairfax, intende insinuare che io ho invischiato Ernest a fidanzarsi con me? Come si permette? Qui non è più il caso di indossare la vuota maschera delle buone maniere. Quando vedo una zappa, la chiamo zappa.

GWENDOLEN (*con sarcasmo*) Sono lieta di poter dire che non ho mai visto una zappa. È evidente che le nostre sfere sociali sono molto distanti tra loro.

(*Entra Merriman, seguito da un cameriere. Porta un vassoio, una tovaglia e un tavolinetto per le stoviglie. Cecily sta per rispondere a tono. Ma la presenza dei servitori esercita un'influenza frenante, alla quale ambedue le ragazze soggiacciono.*)

MERRIMAN Shall I lay tea here as usual, Miss?

CECILY (*sternly, in a calm voice*) Yes, as usual.

Merriman begins to clear table and lay cloth. A long pause. Cecily and Gwendolen glare at each other.

GWENDOLEN Are there many interesting walks in the vicinity, Miss Cardew?

CECILY Oh! yes! a great many. From the top of one of the hills quite close one can see five counties.

GWENDOLEN Five counties! I don't think I should like that; I hate crowds.

CECILY (*sweetly*) I suppose that is why you live in town?

Gwendolen bites her lip, and beats her foot nervously with her parasol.

GWENDOLEN (*looking round*) Quite a well-kept garden this is, Miss Cardew.

CECILY So glad you like it, Miss Fairfax.

GWENDOLEN I had no idea there were any flowers in the country.

CECILY Oh, flowers are as common here, Miss Fairfax, as people are in London.

GWENDOLEN Personally I cannot understand how anybody manages to exist in the country, if anybody who is anybody does. The country always bores me to death.

CECILY Ah! This is what the newspapers call agricultural depression, is it not? I believe the aristocracy are suffering very much from it just at present. It is almost an epidemic amongst them, I have been told. May I offer you some tea, Miss Fairfax?

GWENDOLEN (*with elaborate politeness*) Thank you. (*Aside.*) Detestable girl. But I require tea!

MERRIMAN Preparo qui per il tè, come al solito, signorina?

CECILY (*con tono severo, e voce calma*) Sì, come al solito.

(*Merriman comincia a sgomberare la tavola e a stendere la tovaglia. Una lunga pausa. Cecily e Gwendolen si fissano l'una con l'altra.*)

GWENDOLEN Vi sono molte passeggiate interessanti in questi paraggi, signorina Cardew?

CECILY Oh, sì, moltissime! Dalla cima di una collina poco lungi da qui si vedono cinque contee.

GWENDOLEN Cinque contee! Non credo che mi piacerebbe; io odio la folla.

CECILY (*soavemente*) Suppongo sia per questo che abita in città.

(*Gwendolen si morsica le labbra, e si batte nervosamente sul piede con il parasole.*)

GWENDOLEN (*si guarda attorno*) Un giardino molto ben tenuto, signorina Cardew.

CECILY Sono lieta che le piaccia, signorina Fairfax.

GWENDOLEN Non credevo ci fossero tanti fiori in campagna.

CECILY Oh, i fiori sono diffusi qui, signorina Fairfax, come la gente a Londra.

GWENDOLEN Personalmente non capisco come vi sia qualcuno che possa resistere a vivere in campagna, ammesso che qualcuno che sia qualcuno lo faccia. La campagna mi ha sempre annoiata a morte.

CECILY Ah, suppongo sia quello che i giornali chiamano la depressione agricola, vero? Credo che l'aristocrazia ne risenta molto, di questi tempi. Quasi un'epidemia, a quanto m'han detto. Gradisce una tazza di tè, signorina Fairfax?

GWENDOLEN (*con marcata gentilezza*) Grazie.

(*A parte.*)

Donna detestabile! Ma ho bisogno di una tazza di tè.

CECILY (*sweetly*) Sugar?

GWENDOLEN (*superciliously*) No, thank you. Sugar is not fashionable any more.

Cecily looks angrily at her, takes up the tongs and puts four lumps of sugar into the cup.

CECILY (*severely*) Cake or bread and butter?

GWENDOLEN (*in a bored manner*) Bread and butter, please. Cake is rarely seen at the best houses nowadays.

CECILY (*cuts a very large slice of cake, and puts it on the tray*) Hand that to Miss Fairfax.

Merriman does so, and goes out with footman. Gwendolen drinks the tea and makes a grimace. Puts down cup at once, reaches out her hand to the bread and butter, looks at it, and finds it is cake. Rises in indignation.

GWENDOLEN You have filled my tea with lumps of sugar, and though I asked most distinctly for bread and butter, you have given me cake. I am known for the gentleness of my disposition, and the extraordinary sweetness of my nature, but I warn you, Miss Cardew, you may go too far.

CECILY (*rising*) To save my poor, innocent, trusting boy from the machinations of any other girl there are no lengths to which I would not go.

GWENDOLEN From the moment I saw you I distrusted you. I felt that you were false and deceitful. I am never deceived in such matters. My first impressions of people are invariably right.

CECILY It seems to me, Miss Fairfax, that I am trespassing on your valuable time. No doubt you have many other calls of a similar character to make in the neighbourhood.

Enter Jack.

GWENDOLEN (*catching sight of him*) Ernest! My own Ernest!

JACK Gwendolen! Darling!

Offers to kiss her.

GWENDOLEN (*drawing back*) A moment! May I ask if you are engaged to be married to this young lady?

CECILY (*dolcemente*) Zucchero?

GWENDOLEN (*snob*) No, grazie. Lo zucchero non è più di moda.

(*Cecily la fissa con rabbia, prende le mollette per lo zucchero e ne mette quattro zollette nella tazzina.*)

CECILY (*freddamente*) Torta o pane e burro?

GWENDOLEN (*con aria annoiata*) Pane e burro, prego. Le torte non si vedono quasi più nei migliori salotti.

CECILY (*taglia un'enorme fetta di torta e la mette su un vassoio*) Per la signorina Fairfax.

(*Merriman esegue, poi esce assieme al cameriere. Gwendolen beve un sorso di tè e fa una smorfia. Depone immediatamente la tazza, allunga una mano verso il pane e burro, alza gli occhi, vede la torta. Si alza indignata.*)

GWENDOLEN Ha riempito la mia tazza di zollette di zucchero, e per quanto io abbia chiarissimamente chiesto del pane e burro mi ha dato una fetta di torta. Io sono rinomata per la mia gentilezza d'animo e per l'eccezionale dolcezza del mio carattere, ma la avverto, signorina Cardew: lei corre il rischio di varcare ogni limite.

CECILY (*alzandosi*) Pur di salvare il mio povero, innocente, ingenuo ragazzo dalle macchinazioni di qualsiasi altra donna, non vi sono limiti che non ardirei varcare.

GWENDOLEN Dal primo momento che l'ho vista, io ho diffidato di lei. L'ho sentita subito falsa e ingannevole. Io non m'inganno mai in queste cose. La mia prima impressione di una persona è sempre esatta.

CECILY Ho il timore, signorina Fairfax, di abusare del suo tempo prezioso. Senza dubbio lei ha molte altre visite da fare, nei paraggi.

(*Entra Jack.*)

GWENDOLEN (*scorgendolo*) Ernest! Ernest mio!

JACK Gwendolen! Tesoro!

(*Fa per baciarla.*)

GWENDOLEN (*ritraendosi*) Un momento! Posso chiederti se sei per caso fidanzato con questa signorina?

Points to Cecily.

JACK (*laughing*) To dear little Cecily! Of course not! What could have put such an idea into your pretty little head?

GWENDOLEN Thank you. You may!

Offers her cheek.

CECILY (*very sweetly*) I knew there must be some misunderstanding, Miss Fairfax. The gentleman whose arm is at present round your waist is my guardian, Mr John Worthing.

GWENDOLEN I beg your pardon?

CECILY This is Uncle Jack.

GWENDOLEN (*receding*) Jack! Oh!

Enter Algernon.

CECILY Here is Ernest.

ALGERNON (*goes straight over to Cecily without noticing any one else*) My own love!

Offers to kiss her.

CECILY (*drawing back*) A moment, Ernest! May I ask you – are you engaged to be married to this young lady?

ALGERNON (*looking round*) To what young lady? Good heavens! Gwendolen!

CECILY Yes! to good heavens, Gwendolen, I mean to Gwendolen.

ALGERNON (*laughing*) Of course not! What could have put such an idea into your pretty little head?

CECILY Thank you. (*Presenting her cheek to be kissed.*) You may.

Algernon kisses her.

GWENDOLEN I felt there was some slight error, Miss Cardew. The gentleman who is now embracing you is my cousin, Mr. Algernon Moncrieff.

CECILY (*breaking away from Algernon*) Algernon Moncrieff! Oh!

The two girls move towards each other and put their arms round each other's waists as if for protection.

(*Indica Cecily.*)

JACK (*ridendo*) Con la piccola Cecily? Ma no, naturalmente! Che cosa può aver cacciato un'idea simile in questa bella testolina?

GWENDOLEN Grazie. Adesso puoi!

(*Gli porge la guancia.*)

CECILY (*soavemente*) Sapevo che doveva esserci un equivoco, signorina Fairfax. Il signore il cui braccio attornia in questo momento la sua vita è infatti il mio tutore, signor Jack Worthing.

GWENDOLEN Chiedo scusa?

CECILY Questo è lo zio Jack.

GWENDOLEN (*scostandosi*) Jack?! Oh!

(*Entra Algernon.*)

CECILY Ecco Ernest.

ALGERNON (*si dirige dritto verso Cecily, senza neppure accorgersi degli altri*) Amore mio!

(*Fa per baciarla.*)

CECILY (*ritraendosi*) Un momento, Ernest! Posso chiederti... questa signorina è la tua fidanzata?

ALGERNON (*guardandosi attorno*) Quale signorina? Dio del cielo! Gwendolen!

CECILY Sì, Dio del cielo Gwendolen. Voglio dire: Gwendolen.

ALGERNON (*ridendo*) Ma certo che no. Che cosa può aver cacciato un'idea simile in questa bella testolina?

CECILY Grazie.

(*Porgendo la guancia per un bacio.*)

Adesso puoi.

(*Algernon la bacia.*)

GWENDOLEN Ho intuito che doveva esserci un piccolo errore, signorina Cardew. Il signore che attualmente la sta abbracciando è mio cugino, il signor Algernon Moncrieff.

CECILY (*staccandosi bruscamente da Algernon*) Algernon Moncrieff?! Oh!

(*Le due ragazze si avvicinano l'una all'altra, e si cingono con il braccio come a proteggersi reciprocamente.*)

CECILY Are you called Algernon?

ALGERNON I cannot deny it.

CECILY Oh!

GWENDOLEN Is your name really John?

JACK (*standing rather proudly*) I could deny it if I liked. I could deny anything if I liked. But my name certainly is John. It has been John for years.

CECILY (*to Gwendolen*) A gross deception has been practised on both of us.

GWENDOLEN My poor wounded Cecily!

CECILY My sweet wronged Gwendolen!

GWENDOLEN (*slowly and seriously*) You will call me sister, will you not?

They embrace. Jack and Algernon groan and walk up and down.

CECILY (*rather brightly*) There is just one question I would like to be allowed to ask my guardian.

GWENDOLEN An admirable idea! Mr Worthing, there is just one question I would like to be permitted to put to you. Where is your brother Ernest? We are both engaged to be married to your brother Ernest, so it is a matter of some importance to us to know where your brother Ernest is at present.

JACK (*slowly and hesitatingly*) Gwendolen – Cecily – it is very painful for me to be forced to speak the truth. It is the first time in my life that I have ever been reduced to such a painful position, and I am really quite inexperienced in doing anything of the kind. However, I will tell you quite frankly that I have no brother Ernest. I have no brother at all. I never had a brother in my life, and I certainly have not the smallest intention of ever having one in the future.

CECILY (*surprised*) No brother at all?

JACK (*cheerily*) None!

GWENDOLEN (*severely*) Had you never a brother of any kind?

CECILY Tu ti chiami Algernon?

ALGERNON Non posso negarlo.

CECILY Oh!

GWENDOLEN Il tuo nome è davvero Jack?

JACK (*ergendosi con un certo orgoglio*) Potrei negarlo se volessi. Potrei negare tutto quel che voglio. Ma il mio nome è fuor d'ogni dubbio Jack. Sono anni che è Jack.

CECILY (*a Gwendolen*) Siamo state tutte e due vittime di un grossolano inganno.

GWENDOLEN Mia povera Cecily ferita!

CECILY Mia dolce abusata Gwendolen!

GWENDOLEN (*lentamente e seriamente*) Mi chiamerai sorella, è vero?

(*Si abbracciano. Jack e Algernon bofonchiano, camminando avanti e indietro.*)

CECILY (*piuttosto vivacemente*) C'è una sola domanda che vorrei poter rivolgere al mio tutore.

GWENDOLEN Mirabile idea! Signor Worthing, c'è una sola domanda che vorrei poterle rivolgere. Dov'è suo fratello Ernest? Tutte e due siamo fidanzate a suo fratello Ernest, ed è quindi abbastanza importante sapere dove suo fratello Ernest si trova attualmente.

JACK (*lentamente, e con esitazione*) Gwendolen... Cecily... È molto doloroso per me esser costretto a dire la verità. È la prima volta in vita mia che mi vedo ridotto a questa dolorosa situazione, e manco quindi di ogni esperienza in materia. Tuttavia, vi dirò in tutta sincerità che non ho nessun fratello di nome Ernest. Non ho fratelli in assoluto. Non ho mai avuto un fratello in vita mia, e certo non ho la minima intenzione di averne uno in futuro.

CECILY (*sorpresa*) Neanche un fratello?

JACK (*di buon grado*) Neanche uno!

GWENDOLEN (*con severità*) Mai avuto un fratello di nessun genere?

JACK (*pleasantly*) Never. Not even of any kind.

GWENDOLEN I am afraid it is quite clear, Cecily, that neither of us is engaged to be married to any one.

CECILY It is not a very pleasant position for a young girl suddenly to find herself in. Is it?

GWENDOLEN Let us go into the house. They will hardly venture to come after us there.

CECILY No, men are so cowardly, aren't they?

They retire into the house with scornful looks.

JACK This ghastly state of things is what you call Bunburying, I suppose?

ALGERNON Yes, and a perfectly wonderful Bunbury it is. The most wonderful Bunbury I have ever had in my life.

JACK Well, you've no right whatsoever to Bunbury here.

ALGERNON That is absurd. One has a right to Bunbury anywhere one chooses. Every serious Bunburyist knows that.

JACK Serious Bunburyist! Good heavens!

ALGERNON Well, one must be serious about something, if one wants to have any amusement in life. I happen to be serious about Bunburying. What on earth you are serious about I haven't got the remotest idea. About everything, I should fancy. You have such an absolutely trivial nature.

JACK Well, the only small satisfaction I have in the whole of this wretched business is that your friend Bunbury is quite exploded. You won't be able to run down to the country quite so often as you used to do, dear Algy. And a very good thing too.

ALGERNON Your brother is a little off colour, isn't he, dear Jack? You won't be able to disappear to London quite so frequently as your wicked custom was. And not a bad thing either.

JACK As for your conduct towards Miss Cardew, I must say

JACK (*con allegria*) Mai. Neanche di nessun genere.

GWENDOLEN Temo sia chiaro, Cecily, che nessuna di noi è fidanzata con nessuno.

CECILY Non è bello per una donna trovarsi all'improvviso in una situazione come questa. Non è così?

GWENDOLEN Entriamo in casa. Lì almeno non oseranno seguirci.

CECILY No, gli uomini sono così codardi, non è vero?

(*Si ritirano in casa con sguardi di disprezzo.*)

JACK Questa diabolica situazione è quello che tu chiami un caso di bunburismo, suppongo.

ALGERNON Sì, e un caso assolutamente meraviglioso per giunta. Il miglior caso di bunburismo che mi sia mai capitato in vita mia.

JACK Beh, non hai nessun diritto di far del bunburismo qui.

ALGERNON È assurdo. Chiunque ha il diritto di fare del bunburismo dove gli pare e piace. Non vi è serio bunburista che non sia ben conscio di questo.

JACK Un serio bunburista? Dio del cielo!

ALGERNON Beh, bisogna pur essere seri in qualche cosa, se ci si vuol divertire un poco nella vita. In che cosa tu sia serio non ne ho la più lontana idea. Forse in tutto, posso immaginare. Hai un carattere così assolutamente banale!

JACK Beh, l'unica piccola soddisfazione che trovo in tutta questa maledetta storia è che il tuo amico Bunbury è saltato in aria. Non ti riuscirà più di tagliar la corda per la campagna così spesso come era tuo costume, caro Algy. E questa è proprio un'ottima cosa.

ALGERNON Anche tuo fratello non ha più tanta bella cera, non è vero, caro Jack? Non ti sarà più tanto facile sparire per Londra con la frequenza cui ti eri perversamente abituato. Neanche questo è poi male.

JACK Quanto poi al tuo comportamento nei riguardi della signorina Cardew, devo dire che il tuo ingannare a

that your taking in a sweet, simple, innocent girl like that is quite inexcusable. To say nothing of the fact that she is my ward.

ALGERNON I can see no possible defence at all for your deceiving a brilliant, clever, thoroughly experienced young lady like Miss Fairfax. To say nothing of the fact that she is my cousin.

JACK I wanted to be engaged to Gwendolen, that is all. I love her.

ALGERNON Well, I simply wanted to be engaged to Cecily. I adore her.

JACK There is certainly no chance of your marrying Miss Cardew.

ALGERNON I don't think there is much likelihood, Jack, of you and Miss Fairfax being united.

JACK Well, that is no business of yours.

ALGERNON If it was my business, I wouldn't talk about it. (*Begins to eat muffins.*) It is very vulgar to talk about one's business. Only people like stockbrokers do that, and then merely at dinner parties.

JACK How can you sit there, calmly eating muffins when we are in this horrible trouble, I can't make out. You seem to be perfectly heartless.

ALGERNON Well, I can't eat muffins in an agitated manner. The butter would probably get on my cuffs. One should always eat muffins quite calmly. It is the only way to eat them.

JACK I say it's perfectly heartless your eating muffins at all, under the circumstances.

ALGERNON When I am in trouble, eating is the only thing that consoles me. Indeed, when I am in really great trouble, as any one who knows me intimately will tell you, I refuse

questo modo una dolce, semplice, innocente fanciulla è assolutamente imperdonabile. Per non parlar del fatto che si tratta della mia pupilla.

ALGERNON Non vedo possibili giustificazioni all'abuso che hai operato ai danni di una giovane donna brillante, intelligente e ricca d'esperienza come la signorina Fairfax. Anche a voler ignorare la circostanza che si tratta di mia cugina.

JACK Io volevo fidanzarmi con Gwendolen, tutto qui, io l'amo.

ALGERNON Beh, e io volevo soltanto fidanzarmi con Cecily. L'adoro.

JACK Non c'è nessuna possibilità che tu sposi la signorina Cardew.

ALGERNON Non mi sembra molto verosimile che tu e la signorina Fairfax possiate convolare.

JACK Beh, questo non è affar tuo.

ALGERNON Se fosse affar mio non starei qui a discuterne. (*Comincia a mangiare delle ciambelle.*)

È molto volgare parlare dei propri affari. Solo gente come gli agenti di borsa hanno l'uso di farlo, e comunque soltanto a pranzo.

JACK Come tu possa startene lì seduto, tutto tranquillo, a mangiar biscotti imburrati nell'orrendo pasticcio in cui siamo, non riesco a capirlo. Mi sembri assolutamente cinico e spietato.

ALGERNON Beh, non posso mangiare biscotti col burro in modo agitato. Probabilmente mi finirebbe il burro sui polsini. I biscotti vanno mangiati con calma. È l'unico modo di mangiarli.

JACK Io dico che bisogna essere dei cinici incalliti per mangiare biscotti comunque, in un guaio come questo.

ALGERNON Quando mi trovo nei guai, il mangiare è la sola cosa che mi consola. Anzi: quando il guaio in cui mi trovo è veramente grosso, chiunque mi conosca inti-

everything except food and drink. At the present moment I am eating muffins because I am unhappy. Besides, I am particularly fond of muffins. (*Rising.*)

JACK (*rising*) Well, that is no reason why you should eat them all in that greedy way.

Takes muffins from Algernon.

ALGERNON (*offering tea-cake*) I wish you would have tea-cake instead. I don't like tea-cake.

JACK Good heavens! I suppose a man may eat his own muffins in his own garden.

ALGERNON But you have just said it was perfectly heartless to eat muffins.

JACK I said it was perfectly heartless of you, under the circumstances. That is a very different thing.

ALGERNON That may be. But the muffins are the same.

He seizes the muffin-dish from Jack.

JACK Algy, I wish to goodness you would go.

ALGERNON You can't possibly ask me to go without having some dinner. It's absurd. I never go without my dinner. No one ever does, except vegetarians and people like that. Besides I have just made arrangements with Dr Chasuble to be christened at a quarter to six under the name of Ernest.

JACK My dear fellow, the sooner you give up that nonsense the better. I made arrangements this morning with Dr Chasuble to be christened myself at 5.30, and I naturally will take the name of Ernest. Gwendolen would wish it. We can't both be christened Ernest. It's absurd. Besides, I have a perfect right to be christened if I like. There is no evidence at all that I have ever been christened by anybody. I should think it extremely probable I never was, and so does Dr Chasuble. It

mamente potrà dirti che io rifiuto tutto ad eccezione del cibo e delle bevande. In questo momento, per esempio, se mangio biscotti è perché sono molto infelice. A parte il fatto che vado matto per i biscotti come questi.

(*Si alza.*)

JACK (*si alza*) Beh, non occorre che tu debba mangiarteli tutti, così da ingordo.

(*Gli porta via i biscotti.*)

ALGERNON (*porgendogli la torta*) Perché non prendi la torta, invece? A me la torta non piace.

JACK Dio buono! Credo di poter essere padrone di mangiare i miei biscotti nel mio giardino.

ALGERNON Ma hai appena detto che solo un cinico incallito può mangiare biscotti.

JACK Ho detto che sei un cinico incallito tu, date le circostanze. È una cosa molto diversa.

ALGERNON Può darsi. I biscotti però sono gli stessi.

(*Strappa a Jack il piatto coi biscotti.*)

JACK Algy, mi fai il piacere di andartene?

ALGERNON Non puoi chiedermi di andarmene senza cena. È assurdo. Io non vado mai via senza aver prima cenato. Nessuno lo fa, eccetto i vegetariani e gente simile. Oltre tutto, ho preso un appuntamento col reverendo Chasuble per farmi battezzare alle sei meno un quarto con il nome di Ernest.

JACK Amico mio, prima la smetti con queste sciocchezze, meglio è per tutti. Ho combinato io, questa mattina, col reverendo Chasuble, di farmi battezzare alle cinque e mezza, e naturalmente prenderò il nome di Ernest. Come desidera Gwendolen. Non possiamo farci battezzare tutti e due con lo stesso nome. È assurdo. E poi, io ho tutto il diritto di farmi battezzare, se ne ho voglia. Non c'è nessuna prova che io sia mai stato battezzato da chicchessia. Penso anzi sia molto probabile che nessuno lo abbia mai fatto, e anche il reve-

is entirely different in your case. You have been christened already.

ALGERNON Yes, but I have not been christened for years.

JACK Yes, but you have been christened. That is the important thing.

ALGERNON Quite so. So I know my constitution can stand it. If you are not quite sure about your ever having been christened, I must say I think it rather dangerous your venturing on it now. It might make you very unwell. You can hardly have forgotten that some one very closely connected with you was very nearly carried off this week in Paris by a severe chill.

JACK Yes, but you said yourself that a severe chill was not hereditary.

ALGERNON It usen't to be, I know – but I daresay it is now. Science is always making wonderful improvements in things.

JACK (*picking up the muffin-dish*) Oh, that is nonsense; you are always talking nonsense.

ALGERNON Jack, you are at the muffins again! I wish you wouldn't. There are only two left. (*Takes them.*) I told you I was particularly fond of muffins.

JACK But I hate tea-cake.

ALGERNON Why on earth then do you allow tea-cake to be served up for your guests? What ideas you have of hospitality!

JACK Algernon! I have already told you to go. I don't want you here. Why don't you go!

ALGERNON I haven't quite finished my tea yet! and there is still one muffin left.

Jack groans, and sinks into a chair. Algernon still continues eating.

Act Drop

rendo Chasuble è d'accordo. Il tuo caso è del tutto diverso. Tu sei già stato battezzato.

ALGERNON Sì, ma sono anni che non mi battezzo più.

JACK Sì, ma sei già stato battezzato. È questo che conta.

ALGERNON Esatto. Quindi io so che il mio fisico regge bene il battesimo. Se tu non sei del tutto sicuro di esser già stato battezzato, mi sembra sia piuttosto pericoloso provarcisi adesso. Potrebbe anche farti male. Non devi dimenticare che una persona a te molto vicina è quasi deceduta, questa settimana a Parigi, per un forte raffreddore.

JACK Sì, ma tu hai detto che un forte raffreddore non è ereditario.

ALGERNON Una volta non lo era, lo so. Ma oso dire che adesso lo è. La scienza fa continui e meravigliosi progressi in ogni campo.

JACK (*prendendo su il piatto dei biscotti*) Oh, questa è una sciocchezza. Tu non fai altro che dire sciocchezze.

ALGERNON Jack, ti stai di nuovo mangiando i biscotti! Smettila, per piacere. Ce ne sono rimasti due soli.

(*Li prende.*)

Te l'ho detto, che vado matto per i biscotti.

JACK Ma io odio la torta.

ALGERNON E perché allora la fai servire ai tuoi ospiti? Che razza di ospitalità!

JACK Algernon! Ti ho già detto di andartene. Qui non ti voglio. Si può sapere perché non te ne vai?

ALGERNON Perché non ho ancora finito il tè! e poi c'è ancora un biscotto.

(*Jack grugnisce, e si lascia cadere su una sedia. Algernon continua a mangiare.*)

Fine del secondo atto

ACT THREE

Morning-room at the Manor House.

Gwendolen and Cecily are at the window, looking out into the garden.

GWENDOLEN The fact that they did not follow us at once into the house, as any one else would have done, seems to me to show that they have some sense of shame left.

CECILY They have been eating muffins. That looks like repentance.

GWENDOLEN (*after a pause*) They don't seem to notice us at all. Couldn't you cough?

CECILY But I haven't got a cough.

GWENDOLEN They're looking at us. What effrontery!

CECILY They're approaching. That's very forward of them.

GWENDOLEN Let us preserve a dignified silence.

CECILY Certainly. It's the only thing to do now.

Enter Jack followed by Algernon. They whistle some dreadful popular air from a British opera.

GWENDOLEN This dignified silence seems to produce an unpleasant effect.

CECILY A most distasteful one.

ATTO TERZO

LA SCENA

Salotto nella Manor House.

(*Gwendolen e Cecily sono alla finestra, e guardano fuori verso il giardino.*)

GWENDOLEN Il fatto che non ci abbiano seguite immediatamente in casa, come chiunque altro avrebbe fatto, mi sembra indicare che un certo senso di vergogna gli è rimasto.

CECILY Stanno mangiando biscotti. Direi che è un segno di pentimento.

GWENDOLEN (*dopo una pausa*) Sembra che non badino affatto a noi. Non potresti tossire?

CECILY Ma non ho la tosse.

GWENDOLEN Stanno guardando verso di noi. Che sfacciataggine!

CECILY Si stanno avvicinando. Una bella audacia.

GWENDOLEN Chiudiamoci in un dignitoso silenzio.

CECILY Certo. È la sola cosa da fare.

(*Entra Jack seguito da Algernon. Stanno fischiettando una qualche orrenda e ben nota aria da un'opera inglese.*)

GWENDOLEN Il nostro dignitoso silenzio sembra produrre uno spiacevole effetto.

CECILY Molto sgradevole.

GWENDOLEN But we will not be the first to speak.

CECILY Certainly not.

GWENDOLEN Mr Worthing, I have something very particular to ask you. Much depends on your reply.

CECILY Gwendolen, your common sense is invaluable. Mr Moncrieff, kindly answer me the following question. Why did you pretend to be my guardian's brother?

ALGERNON In order that I might have an opportunity of meeting you.

CECILY (*to Gwendolen*) That certainly seems a satisfactory explanation, does it not?

GWENDOLEN Yes, dear, if you can believe him.

CECILY I don't. But that does not affect the wonderful beauty of his answer.

GWENDOLEN True. In matters of grave importance, style, not sincerity is the vital thing. Mr Worthing, what explanation can you offer to me for pretending to have a brother? Was it in order that you might have an opportunity of coming up to town to see me as often as possible?

JACK Can you doubt it, Miss Fairfax?

GWENDOLEN I have the gravest doubts upon the subject. But I intend to crush them. This is not the moment for German scepticism. (*Moving to Cecily*.) Their explanations appear to be quite satisfactory, especially Mr Worthing's. That seems to me to have the stamp of truth upon it.

CECILY I am more than content with what Mr Moncrieff said. His voice alone inspires one with absolute credulity.

GWENDOLEN Then you think we should forgive them?

CECILY Yes. I mean no.

GWENDOLEN True! I had forgotten. There are principles at stake that one cannot surrender. Which of us should tell them? The task is not a pleasant one.

CECILY Could we not both speak at the same time?

GWENDOLEN Ma non saremo noi le prime a parlare.

CECILY Certo che no.

GWENDOLEN Signor Worthing, ho una domanda alquanto precisa da farle. Molto dipende dalla sua risposta.

CECILY Gwendolen, il tuo buon senso è impagabile. Signor Moncrieff, la prego di rispondere a quanto segue. Perché ha finto di essere il fratello del mio tutore?

ALGERNON Onde avere la possibilità di conoscerla, signorina Cardew.

CECILY (*a Gwendolen*) Questa mi sembra una risposta soddisfacente, non ti pare?

GWENDOLEN Sì, cara, se tu riesci a credergli.

CECILY No. Ma questo non sminuisce la sublime bellezza della sua risposta.

GWENDOLEN Vero. In tutte le questioni di vitale importanza, lo stile, e non la sincerità, è ciò che conta. Signor Worthing, come può spiegarmi la sua finzione di avere un fratello? È stato forse per aver l'occasione di venire in città a vedere me il più spesso possibile?

JACK Può dubitarne, signorina Fairfax?

GWENDOLEN Nutro i più gravi dubbi sull'argomento. Ma ho intenzione di dissiparli. Non è il momento per uno scetticismo di stampo tedesco.
(*Avvicinandosi a Cecily*.)
Le loro spiegazioni mi sembrano molto convincenti, specialmente quella del signor Worthing, che reca l'impronta evidente della sincerità.

CECILY Io sono più che soddisfatta di quel che ha detto il signor Moncrieff. Il tono stesso della sua voce non può che ispirare la massima fiducia.

GWENDOLEN Pensi allora che dovremmo perdonarli?

CECILY Sì. Voglio dire no.

GWENDOLEN Vero! Avevo dimenticato. Sono in gioco principi sui quali non è possibile transigere. Chi di noi glielo dice? Il compito è tutt'altro che gradevole.

CECILY Non potremmo parlare insieme?

GWENDOLEN An excellent idea! I nearly always speak at the same time as other people. Will you take the time from me?

CECILY Certainly.

Gwendolen beats time with uplifted finger.

GWENDOLEN and CECILY (*speaking together*) Your Christian names are still an insuperable barrier. That is all!

JACK and ALGERNON (*speaking together*) Our Christian names! Is that all? But we are going to be christened this afternoon.

GWENDOLEN (*to Jack*) For my sake you are prepared to do this terrible thing?

JACK I am.

CECILY (*to Algernon*) To please me you are ready to face this fearful ordeal?

ALGERNON I am!

GWENDOLEN How absurd to talk of the equality of the sexes! Where questions of self-sacrifice are concerned, men are infinitely beyond us.

JACK We are. (*Clasps hands with Algernon.*)

CECILY They have moments of physical courage of which we women know absolutely nothing.

GWENDOLEN (*to Jack*) Darling!

ALGERNON (*to Cecily*) Darling!

They fall into each other's arms. Enter Merriman. When he enters he coughs loudly, seeing the situation.

MERRIMAN Ahem! Ahem! Lady Bracknell!

JACK Good heavens!

Enter Lady Bracknell. The couples separate in alarm. Exit Merriman.

LADY BRACKNELL Gwendolen! What does this mean?

GWENDOLEN Merely that I am engaged to be married to Mr Worthing, mamma.

LADY BRACKNELL Come here. Sit down. Sit down immediately.

GWENDOLEN Ottima idea! Io parlo quasi sempre insieme agli altri. Do io il tempo?

CECILY Benissimo.

(*Gwendolen batte il tempo con un dito levato.*)

GWENDOLEN E CECILY (*parlando insieme*) Il vostro nome rimane un ostacolo insuperabile. Ecco!

JACK E ALGERNON (*parlando insieme*) Il nostro nome? Tutto qui? Ma questo pomeriggio noi ci facciamo battezzare.

GWENDOLEN (*a Jack*) Per amor mio saresti disposto a una prova così spaventosa?

JACK Sì.

CECILY (*ad Algernon*) Per farmi piacere affronteresti un così terribile cimento?

ALGERNON Sì.

GWENDOLEN Che cosa assurda è parlare di uguaglianza dei sessi! Per quel che riguarda lo spirito di sacrificio, gli uomini sono infinitamente più avanti di noi.

JACK È vero.

(*Jack e Algernon si stringono la mano.*)

CECILY Trovano momenti di coraggio fisico di cui noi donne non abbiamo la minima idea.

GWENDOLEN (*a Jack*) Tesoro!

ALGERNON (*a Cecily*) Tesoro!

(*Cadono gli uni nelle braccia degli altri.*)

(*Entra Merriman. E vista la situazione tossicchia rumorosamente.*)

MERRIMAN Ehm! Ehm! Lady Bracknell.

JACK Dio del cielo!

(*Entra Lady Bracknell. Le coppie si sciolgono preoccupate. Esce Merriman.*)

LADY BRACKNELL Gwendolen? Che cosa significa questo?

GWENDOLEN Semplicemente che il signor Worthing e io siamo fidanzati.

LADY BRACKNELL Vieni qui. Siediti. Siediti immediata-

Hesitation of any kind is a sign of mental decay in the young, of physical weakness in the old. (*Turns to Jack.*) Apprised, sir, of my daughter's sudden flight by her trusty maid, whose confidence I purchased by means of a small coin, I followed her at once by a luggage train. Her unhappy father is, I am glad to say, under the impression that she is attending a more than usually lengthy lecture by the University Extension Scheme on the Influence of a permanent income on Thought. I do not propose to undeceive him. Indeed I have never undeceived him on any question. I would consider it wrong. But of course, you will clearly understand that all communication between yourself and my daughter must cease immediately from this moment. On this point, as indeed on all points, I am firm.

JACK I am engaged to be married to Gwendolen, Lady Bracknell!

LADY BRACKNELL You are nothing of the kind, sir. And now, as regards Algernon!... Algernon!

ALGERNON Yes, Aunt Augusta.

LADY BRACKNELL May I ask if it is in this house that your invalid friend Mr Bunbury resides?

ALGERNON (*stammering*) Oh! No! Bunbury doesn't live here. Bunbury is somewhere else at present. In fact, Bunbury is dead.

LADY BRACKNELL Dead! When did Mr Bunbury die? His death must have been extremely sudden.

ALGERNON (*airily*) Oh! I killed Bunbury this afternoon. I mean poor Bunbury died this afternoon.

LADY BRACKNELL What did he die of?

ALGERNON Bunbury? Oh, he was quite exploded.

mente. Ogni esitazione è segno di decadenza mentale nei giovani, di debolezza fisica nei vecchi.

(*Si rivolge a Jack.*)

Appreso, signore, dell'improvvisa fuga di mia figlia dalla sua fidata cameriera, le cui confidenze mi sono procacciate con pochi spiccioli, l'ho subito inseguita con un treno merci. Il mio sfortunato consorte, sono lieta di poter dire, nutre la convinzione che essa stia seguendo una conferenza, di inconsueta lunghezza, alla Società per l'allargamento dell'istruzione universitaria sull'Influenza delle Imposte Dirette sul Pensiero occidentale. Non ho intenzione di disingannarlo. In realtà, non l'ho mai disingannato su niente. Mi sembrerebbe ingiusto. Ma naturalmente, lei certo capirà che ogni rapporto tra mia figlia e lei dovrà cessare immediatamente fin da questo istante. Su questo, come in realtà su tutto, io non transigo.

JACK Io sono fidanzato con Gwendolen, Lady Bracknell.

LADY BRACKNELL Lei non è niente di tutto questo, signore! E adesso, per quel che riguarda Algernon!... Algernon!

ALGERNON Sì, zia Augusta?

LADY BRACKNELL Potrei sapere se è in questa casa che abita il tuo amico infermo, signor Bunbury?

ALGERNON (*impacciato*) Oh, no! Bunbury non abita qui. Bunbury in questo momento è via. Anzi, per dir la verità, Bunbury è morto.

LADY BRACKNELL Morto?! E quando è morto, questo signor Bunbury? La sua morte dev'essere stata molto improvvisa.

ALGERNON (*con leggerezza*) Oh, l'ho ammazzato questo pomeriggio. Cioè: il povero Bunbury è morto questo pomeriggio.

LADY BRACKNELL Di che cosa è morto?

ALGERNON Bunbury? Oh, è stato fatto esplodere.

LADY BRACKNELL Exploded! Was he the victim of a revolutionary outrage? I was not aware that Mr Bunbury was interested in social legislation. If so, he is well punished for his morbidity.

ALGERNON My dear Aunt Augusta, I mean he was found out! The doctors found out that Bunbury could not live, that is what I mean – so Bunbury died.

LADY BRACKNELL He seems to have had great confidence in the opinion of his physicians. I am glad, however, that he made up his mind at the last to some definite course of action, and acted under proper medical advice. And now that we have finally got rid of this Mr Bunbury, may I ask, Mr Worthing, who is that young person whose hand my nephew Algernon is now holding in what seems to me a peculiarly unnecessary manner?

JACK That lady is Miss Cecily Cardew, my ward.

Lady Bracknell bows coldly to Cecily.

ALGERNON I am engaged to be married to Cecily, Aunt Augusta.

LADY BRACKNELL I beg your pardon?

CECILY Mr Moncrieff and I are engaged to be married, Lady Bracknell.

LADY BRACKNELL (*with a shiver, crossing to the sofa and sitting down*) I do not know whether there is anything peculiarly exciting in the air of this particular part of Hertfordshire, but the number of engagements that go on seems to me considerably above the proper average that statistics have laid down for our guidance. I think some preliminary inquiry on my part would not be out of place. Mr Worthing, is Miss Cardew at all connected with any of the larger railway stations in London? I merely desire information. Until yesterday I had no idea that there were any families or persons whose origin was a Terminus.

LADY BRACKNELL Esplodere? È stato vittima di un attentato rivoluzionario? Non sapevo che questo signor Bunbury si interessasse di leggi sociali. Se è così, ha avuto quel che si è meritato per le sue debolezze.

ALGERNON Cara zia Augusta, voglio dire che è stato scoperto! I dottori hanno scoperto che Bunbury non poteva vivere, è questo che intendevo dire. E così Bunbury è morto.

LADY BRACKNELL Direi che si è fidato un po' troppo dell'opinione dei suoi medici curanti. Sono contenta comunque che si sia deciso ad adottare una precisa linea di condotta, e che abbia agito poi sotto adeguata sorveglianza medica. E adesso che finalmente ci siamo liberati di questo signor Bunbury, posso chiederle, signor Worthing, chi è quella giovane donna la cui mano è attualmente tra quelle di mio nipote Algernon, in un atteggiamento di cui non vedo la minima necessità?

JACK La giovane donna è la mia pupilla, la signorina Cecily Cardew.

(*Lady Bracknell fa un freddo cenno col capo a Cecily.*)

ALGERNON Io e Cecily ci siamo fidanzati, zia Augusta.

LADY BRACKNELL Chiedo scusa?

CECILY Il signor Moncrieff ed io siamo fidanzati, Lady Bracknell.

LADY BRACKNELL (*con un'alzata di spalle, andando a sedersi sul divano*) Non so se vi sia qualcosa di particolarmente eccitante in questa precisa zona dello Hertfordshire, ma il numero dei fidanzamenti che vi si concludono mi sembra considerevolmente superiore a quello che le statistiche ci offrono come punto di riferimento. Credo che una piccola inchiesta preliminare da parte mia non sarebbe fuori luogo. Signor Worthing, la signorina Cardew è per caso imparentata con qualche grande stazione ferroviaria di Londra? È solo per mia informazione. Fino a ieri non avevo la minima idea che ci fossero famiglie o persone traenti origine da un capolinea.

Jack looks perfectly furious, but restrains himself.

JACK (*in a clear, cold voice*) Miss Cardew is the grand-daughter of the late Mr Thomas Cardew of 149 Belgrave Square, S.W.; Gervase Park, Dorking, Surrey; and the Sporran, Fifeshire, N.B.

LADY BRACKNELL That sounds not unsatisfactory. Three addresses always inspire confidence, even in tradesmen. But what proof have I of their authenticity?

JACK I have carefully preserved the Court Guides of the period. They are open to your inspection, Lady Bracknell.

LADY BRACKNELL (*grimly*) I have known strange errors in that publication.

JACK Miss Cardew's family solicitors are Messrs Markby, Markby, and Markby.

LADY BRACKNELL Markby, Markby, and Markby? A firm of the very highest position in their profession. Indeed I am told that one of the Mr Markbys is occasionally to be seen at dinner parties. So far I am satisfied.

JACK (*very irritably*) How extremely kind of you, Lady Bracknell! I have also in my possession, you will be pleased to hear, certificates of Miss Cardew's birth, baptism, whooping cough, registration, vaccination, confirmation, and the measles; both the German and the English variety.

LADY BRACKNELL Ah! A life crowded with incident, I see; though perhaps somewhat too exciting for a young girl. I am not myself in favour of premature experiences! (*Rises, looks at her watch.*) Gwendolen! the time approaches for our departure. We have not a moment to lose. As a matter of form, Mr Worthing, I had better ask you if Miss Cardew has any little fortune?

JACK Oh! about a hundred and thirty thousand pounds in the

(*Jack ha un'aria assolutamente furiosa, ma si trattiene.*)

JACK (*con voce chiara e gelida*) La signorina Cardew è nipote del defunto signor Thomas Cardew, residente al n. 149 di Belgrave Square, S.W.; a Gervase Park di Dorking, nel Surrey; e allo Sporran, Fifishire, N.B.

LADY BRACKNELL Questo non suona male. Tre diversi indirizzi ispirano sempre un senso di fiducia, anche nel caso di commercianti. Ma che prova posso avere della loro autenticità?

JACK Ho gelosamente conservato gli Annuari Ufficiali dell'epoca. Sono a sua disposizione, Lady Bracknell.

LADY BRACKNELL (*severamente*) Ho spesso notato strani errori in quel genere di pubblicazioni.

JACK Gli interessi della famiglia della signorina Cardew sono curati dallo studio legale Markby, Markby & Markby.

LADY BRACKNELL Markby, Markby & Markby? Uno studio legale di altissima quotazione. Mi dicono addirittura che uno di questi signori Markby lo si incontra a volte nei salotti. Per ora posso dirmi soddisfatta.

JACK (*molto irritato*) Troppo gentile da parte sua, Lady Bracknell! Sarà lieta di sapere allora che io conservo anche i certificati di nascita della signorina Cardew, quelli di battesimo, tosse asinina, anagrafe, vaccinazione, cresima e morbillo: sia la forma tedesca che quella inglese.

LADY BRACKNELL Ah! Una vita densa di incidenti, vedo, anche se forse un po' troppo emozionante per una fanciulla. Io non vedo molto di buon occhio le esperienze premature.

(*Si alza, guarda l'orologio.*)

Gwendolen, s'avvicina l'ora della partenza. Non abbiamo un momento da perdere. Standο alle buone maniere, signor Worthing, avrei dovuto chiederle anche se la signorina Cardew ha una sua piccola sostanza.

JACK Oh, più o meno centotrentamila sterline in buoni

Funds. That is all. Good-bye, Lady Bracknell. So pleased to have seen you.

LADY BRACKNELL (*sitting down again*) A moment, Mr Worthing. A hundred and thirty thousand pounds! And in the Funds! Miss Cardew seems to me a most attractive young lady, now I look at her. Few girls of the present day have any really solid qualities, any of the qualities that last, and improve with time. We live, I regret to say, in an age of surfaces. (*To Cecily.*) Come over here, dear. (*Cecily goes across.*) Pretty child! your dress is sadly simple, and your hair seems almost as Nature might have left it. But we can soon alter all that. A thoroughly experienced French maid produces a really marvellous result in a very brief space of time. I remember recommending one to young Lady Lancing, and after three months her own husband did not know her.

JACK And after six months nobody knew her.

LADY BRACKNELL (*Glares at Jack for a few moments. Then bends, with a practised smile, to Cecily*) Kindly turn round, sweet child.

Cecily turns completely round.

No, the side view is what I want.

Cecily presents her profile.

Yes, quite as I expected. There are distinct social possibilities in your profile. The two weak points in our age are its want of principle and its want of profile. The chin a little higher, dear. Style largely depends on the way the chin is worn. They are worn very high, just at present. Algernon!

ALGERNON Yes, Aunt Augusta!

LADY BRACKNELL There are distinct social possibilities in Miss Cardew's profile.

del tesoro. Tutto qui. Buon giorno, Lady Bracknell. Lieto d'averla vista.

LADY BRACKNELL (*tornando a sedersi*) Un momento, signor Worthing. Centotrentamila sterline! In buoni del tesoro! La signorina Cardew mi sembra veramente deliziosa, ora che la guardo. Non sono molte le ragazze al giorno d'oggi che possono vantare solide qualità, di quelle qualità durature, che migliorano per giunta col tempo. Viviamo, mi spiace doverlo dire, in un'epoca superficiale.

(*A Cecily.*)

Venga qui, cara.

(*Cecily si avvicina.*)

Molto bellina! Questo suo vestito è semplice in modo un po' triste, e i suoi capelli sono ancora pressoché come la Natura li ha fatti. Ma a questo possiamo porre rimedio. Una cameriera francese di compiuta esperienza ottiene risultati assolutamente meravigliosi in un arco di tempo assai breve. Ricordo di averne raccomandata una alla giovane Lady Lancing, e dopo tre mesi suo marito non la riconosceva nemmeno più.

JACK E dopo sei mesi non la riconosceva più nessuno.

LADY BRACKNELL (*fissa Jack per qualche momento. Poi si piega verso Cecily, con un ben allenato sorriso*) Ti dispiace voltarti, carina?

(*Cecily fa un giro completo.*)

No, volevo vederti di profilo.

(*Cecily si esibisce di profilo.*)

Sì, come mi aspettavo. Vi sono notevoli possibilità sociali nel tuo profilo. I due punti deboli della nostra epoca sono la mancanza di ideali e l'insufficienza dei profili. Il mento un po' più su, cara. Lo stile dipende in larga misura da come si porta il mento. In questo momento va di moda molto alto, Algernon.

ALGERNON Sì, zia Augusta!

LADY BRACKNELL Vi sono notevoli possibilità sociali nel profilo della signorina Cardew.

ALGERNON Cecily is the sweetest, dearest, prettiest girl in the whole world. And I don't care twopence about social possibilities.

LADY BRACKNELL Never speak disrespectfully of Society, Algernon. Only people who can't get into it do that. (*To Cecily.*) Dear child, of course you know that Algernon has nothing but his debts to depend upon. But I do not approve of mercenary marriages. When I married Lord Bracknell I had no fortune of any kind. But I never dreamed for a moment of allowing that to stand in my way. Well, I suppose I must give my consent.

ALGERNON Thank you, Aunt Augusta.

LADY BRACKNELL Cecily, you may kiss me!

CECILY (*kisses her*) Thank you, Lady Bracknell.

LADY BRACKNELL You may also address me as Aunt Augusta for the future.

CECILY Thank you, Aunt Augusta.

LADY BRACKNELL The marriage, I think, had better take place quite soon.

ALGERNON Thank you, Aunt Augusta.

CECILY Thank you, Aunt Augusta.

LADY BRACKNELL To speak frankly, I am not in favour of long engagements. They give people the opportunity of finding out each other's character before marriage, which I think is never advisable.

JACK I beg pardon for interrupting you, Lady Bracknell, but this engagement is quite out of the question. I am Miss Cardew's guardian, and she cannot marry without my consent until she comes of age. That consent I absolutely decline to give.

LADY BRACKNELL Upon what grounds may I ask? Algernon is an extremely, I may almost say an ostentatiously, eligible

ALGERNON Cecily è la ragazza più dolce, cara e deliziosa che esista al mondo. E delle possibilità sociali del suo profilo non mi importa un fico secco.

LADY BRACKNELL Mai parlare con disprezzo della buona società, Algernon. Lo fanno soltanto quelli che non riescono ad entrarvi.

(*A Cecily.*)

Bambina cara, naturalmente tu sai che Algernon può contare soltanto sui suoi debiti. Ma io non approvo i matrimoni mercenari. Quando ho sposato Lord Bracknell io non avevo un soldo, ma neppure per un istante ho pensato che questo dovesse costituire un ostacolo. Beh, suppongo di non poter non dare il mio consenso.

ALGERNON Grazie, zia Augusta.

LADY BRACKNELL Cecily, puoi darmi un bacio!

CECILY (*la bacia*) Grazie, Lady Bracknell.

LADY BRACKNELL E d'ora in avanti potrai anche chiamarmi zia Augusta.

CECILY Grazie, zia Augusta.

LADY BRACKNELL Il matrimonio penso sia meglio celebrarlo presto.

ALGERNON Grazie, zia Augusta.

CECILY Grazie, zia Augusta.

LADY BRACKNELL Per dir la verità, io sono contraria ai fidanzamenti troppo lunghi. Danno alla gente l'occasione di scoprire il carattere l'uno dell'altro prima del matrimonio, cosa che non è mai consigliabile.

JACK Chiedo scusa se la interrompo, Lady Bracknell, ma di questo fidanzamento non è neanche il caso di parlare. Io sono il tutore della signorina Cardew, e la signorina Cardew finché non raggiunge la maggiore età, non può maritarsi senza il mio consenso. Il quale consenso io mi rifiuto di dare.

LADY BRACKNELL E in base a quali ragioni, se non sono indiscreta? Algernon è un ottimo partito: e lo è in mo-

young man. He has nothing, but he looks everything. What more can one desire?

JACK It pains me very much to have to speak frankly to you, Lady Bracknell, about your nephew, but the fact is that I do not approve at all of his moral character. I suspect him of being untruthful.

Algernon and Cecily look at him in indignant amazement.

LADY BRACKNELL Untruthful! My nephew Algernon? Impossible! He is an Oxonian.

JACK I fear there can be no possible doubt about the matter. This afternoon during my temporary absence in London on an important question of romance, he obtained admission to my house by means of the false pretence of being my brother. Under an assumed name he drank, I've just been informed by my butler, an entire pint bottle of my Perrier-Jouet, Brut, '89; wine I was specially reserving for myself. Continuing his disgraceful deception, he succeeded in the course of the afternoon in alienating the affections of my only ward. He subsequently stayed to tea, and devoured every single muffin. And what makes his conduct all the more heartless is, that he was perfectly well aware from the first that I have no brother, that I never had a brother, and that I don't intend to have a brother, not even of any kind. I distinctly told him so myself yesterday afternoon.

LADY BRACKNELL Ahem! Mr Worthing, after careful consideration I have decided entirely to overlook my nephew's conduct to you.

JACK That is very generous of you, Lady Bracknell. My own decision, however, is unalterable. I decline to give my consent.

LADY BRACKNELL (*to Cecily*) Come here, sweet child.

Cecily goes over.

How old are you, dear?

do evidente, addirittura ostentato. Non ha niente, ma sembra tutto. Che cosa si può desiderare di più?

JACK Mi addolora profondamente dover parlare con franchezza con lei, Lady Bracknell, a proposito di suo nipote; ma il fatto è che non approvo affatto il suo carattere morale. Ho il sospetto che ci sia poco da fidarsi di lui.

(*Algernon e Cecily lo guardano con indignato stupore.*)

LADY BRACKNELL Che ci sia poco da fidarsi? Di mio nipote Algernon? Impossibile! Ha studiato a Oxford.

JACK Temo non ci possano essere dubbi sulla questione. Questo pomeriggio, durante la mia temporanea assenza, a Londra per un importante affare di cuore, si è introdotto surrettiziamente in questa casa fingendosi mio fratello. Sotto falso nome si è bevuto, come vengo ad apprendere dal maggiordomo, un intero magnum del mio Perrier-Jouet Brut dell'89: un vino che io riservo specificatamente per me stesso. Proseguendo nel diabolico inganno, è riuscito, durante il pomeriggio stesso, ad accattivarsi gli affetti della mia unica pupilla. Susseguentemente si è trattenuto per il tè, mangiandosi praticamente fino all'ultimo biscotto. E quel che rende la sua condotta ancor più cinica, è il fatto che lui sapeva benissimo fin dall'inizio che io non ho un fratello, che non ho mai avuto un fratello, e che non ho nessuna intenzione di avere un fratello, di nessun genere. Come del resto gli avevo detto chiaramente fin dal pomeriggio di ieri.

LADY BRACKNELL Ehm! Signor Worthing, dopo attenta considerazione ho deciso di perdonare il comportamento di mio nipote nei suoi riguardi.

JACK Troppo generoso da parte sua, Lady Bracknell. La mia decisione, comunque, è definitiva. Io rifiuto di dare il mio consenso.

LADY BRACKNELL (*a Cecily*) Vieni qui, bambina cara.

(*Cecily si avvicina.*)

Quanti anni hai, carina?

CECILY Well, I am really only eighteen, but I always admit to twenty when I go to evening parties.

LADY BRACKNELL You are perfectly right in making some slight alteration. Indeed, no woman should ever be quite accurate about her age. It looks so calculating.... (*In a meditative manner.*) Eighteen, but admitting to twenty at evening parties. Well, it will not be very long before you are of age and free from the restraints of tutelage. So I don't think your guardian's consent is, after all, a matter of any importance.

JACK Pray excuse me, Lady Bracknell, for interrupting you again, but it is only fair to tell you that according to the terms of her grandfather's will Miss Cardew does not come legally of age till she is thirty-five.

LADY BRACKNELL That does not seem to me to be a grave objection. Thirty-five is a very attractive age. London society is full of women of the very highest birth who have, of their own free choice, remained thirty-five for years. Lady Dumbleton is an instance in point. To my own knowledge she has been thirty-five ever since she arrived at the age of forty, which was many years ago now. I see no reason why our dear Cecily should not be even still more attractive at the age you mention than she is at present. There will be a large accumulation of property.

CECILY Algy, could you wait for me till I was thirty-five?

ALGERNON Of course I could, Cecily. You know I could.

CECILY Yes, I felt it instinctively, but I couldn't wait all that time. I hate waiting even five minutes for anybody. It always makes me rather cross. I am not punctual myself, I

CECILY Beh, per dir la verità ne ho solo diciotto, ma alle feste da ballo ne dichiaro sempre venti.

LADY BRACKNELL Hai perfettamente ragione a fare queste piccole correzioni. In realtà, una donna non dovrebbe mai essere troppo precisa riguardo alla sua età. Sembra troppo calcolatrice...

(*Riflettendo.*)

Diciotto, ma venti dichiarati alle feste da ballo. Beh, non manca poi tanto al momento in cui diventerai maggiorenne e sarai libera dai vincoli della tutela. Quindi non ritengo che il consenso del tuo tutore sia, dopo tutto, molto importante.

JACK Chiedo scusa, Lady Bracknell, se la interrompo nuovamente, ma mi sembra giusto farle sapere che stando ai termini del testamento di suo nonno, la signorina Cardew entrerà legalmente nella maggiore età soltanto a trentacinque anni.

LADY BRACKNELL Non mi sembra una grave obiezione. Trentacinque anni è un'età piena di fascino. La buona società di Londra è piena di donne di altissimi natali che, per loro libera scelta, sono rimaste ferme sui trentacinque per anni. Lady Dumbleton è un illuminante esempio. Per quanto ne so, ha trentacinque anni fin da quando ne ha compiuti quaranta, la qual cosa si è verificata molti anni or sono. Non vedo ragione per cui la nostra cara Cecily non debba essere a quell'età ancor più graziosa di adesso. L'incremento patrimoniale sarà ad esempio notevole.

CECILY Algy, potresti aspettarmi fino a quando avrò trentacinque anni?

ALGERNON Certo che potrei, Cecily. Lo sai che potrei.

CECILY Sì, l'ho sentito istintivamente, ma io non potrei aspettare tutto questo tempo. Odio aspettare chiunque anche solo per dieci minuti. È una cosa che mi irrita. Io non sono molto puntuale, lo so, ma mi piace la

know, but I do like punctuality in others, and waiting, even to be married, is quite out of the question.

ALGERNON Then what is to be done, Cecily?

CECILY I don't know, Mr Moncrieff.

LADY BRACKNELL My dear Mr Worthing, as Miss Cardew states positively that she cannot wait till she is thirty-five – a remark which I am bound to say seems to me to show a somewhat impatient nature – I would beg of you to reconsider your decision.

JACK But my dear Lady Bracknell, the matter is entirely in your own hands. The moment you consent to my marriage with Gwendolen, I will most gladly allow your nephew to form an alliance with my ward.

LADY BRACKNELL (*rising and drawing herself up*) You must be quite aware that what you propose is out of the question.

JACK Then a passionate celibacy is all that any of us can look forward to.

LADY BRACKNELL That is the destiny I propose for Gwendolen. Algernon, of course, can choose for himself. (*Pulls out her watch.*) Come, dear, (*Gwendolen rises*) we have already missed five, if not six, trains. To miss any more might expose us to comment on the platform.

Enter Dr Chasuble.

CHASUBLE Everything is quite ready for the christenings.

LADY BRACKNELL The christenings, sir! Is not that somewhat premature?

CHASUBLE (*looking rather puzzled, and pointing to Jack and Algernon*) Both these gentlemen have expressed a desire for immediate baptism.

puntualità negli altri, e l'aspettare, anche solo per sposarmi, è assolutamente impensabile.

ALGERNON E allora che cosa dobbiamo fare, Cecily?

CECILY Non lo so, signor Moncrieff.

LADY BRACKNELL Mio caro signor Worthing, dal momento che la signorina Cardew dichiara esplicitamente di non poter aspettare fino ai trentacinque anni — un'affermazione che mi sembra dimostrare una certa impazienza di carattere — vorrei pregarla di ritornare sulla sua decisione.

JACK Ma cara Lady Bracknell, la cosa è del tutto nelle sue mani. Nel momento stesso in cui lei consentirà al mio matrimonio con Gwendolen, io sarò felicissimo di permettere l'unione di suo nipote con la mia pupilla.

LADY BRACKNELL (*alzandosi e irrigidendosi*) Lei non può non rendersi conto che questa proposta è fuori discussione.

JACK E allora dobbiamo tutti prepararci a una condizione di entusiasmante celibato.

LADY BRACKNELL Questo non è il futuro che ho in mente per Gwendolen. Algernon, naturalmente, potrà fare quel che vuole.

(*Tira fuori l'orologio.*)

Andiamo, cara.

(*Gwendolen si alza.*)

Abbiamo già perso cinque, se non sei, treni. Perderne degli altri potrebbe esporci ai commenti della sala d'aspetto.

(*Entra il reverendo Chasuble.*)

CHASUBLE Tutto è pronto per i battesimi.

LADY BRACKNELL I battesimi, padre? Non le sembra un poco prematuro?

CHASUBLE (*piuttosto perplesso, indicando Jack e Algernon*) Ambedue questi signori hanno manifestato il desiderio d'essere immediatamente battezzati.

LADY BRACKNELL At their age? The idea is grotesque and irreligious! Algernon, I forbid you to be baptized. I will not hear of such excesses. Lord Bracknell would be highly displeased if he learned that that was the way in which you wasted your time and money.

CHASUBLE Am I to understand then that there are to be no christenings at all this afternoon?

JACK I don't think that, as things are now, it would be of much practical value to either of us, Dr Chasuble.

CHASUBLE I am grieved to hear such sentiments from you, Mr Worthing. They savour of the heretical views of the Anabaptists, views that I have completely refuted in four of my unpublished sermons. However, as your present mood seems to be one peculiarly secular, I will return to the church at once. Indeed, I have just been informed by the pew-opener that for the last hour and a half Miss Prism has been waiting for me in the vestry.

LADY BRACKNELL (*starting*) Miss Prism! Did I hear you mention a Miss Prism?

CHASUBLE Yes, Lady Bracknell. I am on my way to join her.

LADY BRACKNELL Pray allow me to detain you for a moment. This matter may prove to be one of vital importance to Lord Bracknell and myself. Is this Miss Prism a female of repellent aspect, remotely connected with education?

CHASUBLE (*somewhat indignantly*) She is the most cultivated of ladies, and the very picture of respectability.

LADY BRACKNELL It is obviously the same person. May I ask what position she holds in your household?

CHASUBLE (*severely*) I am a celibate, madam.

LADY BRACKNELL Alla loro età? È un'idea grottesca e irreligiosa. Algernon, ti proibisco di farti battezzare. Non mi piacciono queste esagerazioni. Lord Bracknell sarebbe molto dispiaciuto se venisse a sapere che questo è il modo in cui tu sprechi il tuo tempo e il tuo danaro.

CHASUBLE Devo arguire che non ci sarà nessun battesimo questo pomeriggio?

JACK Non credo che al punto in cui siamo, reverendo Chasuble, la cosa possa essere di una qualche utilità pratica per nessuno di noi due.

CHASUBLE Mi addolora sentirle esprimere sentimenti di tal fatta, signor Worthing. Essi echeggiano le tesi dell'eresia anabattista, tesi che io ho radicalmente confutato in quattro dei miei sermoni inediti. Tuttavia, dato il curioso agnosticismo che mi sembra improntare i suoi umori di questo momento, farò immediato ritorno alla chiesa. Tra l'altro, il sacrestano mi ha giusto informato che da un'ora e mezza a questa parte Miss Prism mi sta aspettando in canonica.

LADY BRACKNELL (*sobbalzando*) Miss Prism! Lei ha fatto il nome di Miss Prism?

CHASUBLE Sì, Lady Bracknell. Sto giusto andando a raggiungerla.

LADY BRACKNELL Mi permetta di trattenerla un momento. È una questione che potrebbe essere di vitale importanza per Lord Bracknell e per me. Questa Miss Prism è un essere femminile di repellente aspetto, vagamente connessa con la funzione educativa?

CHASUBLE (*non senza indignazione*) È la più colta delle donne, e il ritratto stesso della rispettabilità.

LADY BRACKNELL Si tratta ovviamente della stessa persona. Posso chiederle quale ruolo svolge nel suo *ménage*?

CHASUBLE (*con gravità*) Signora, io sono celibe.

JACK (*interposing*) Miss Prism, Lady Bracknell, has been for the last three years Miss Cardew's esteemed governess and valued companion.

LADY BRACKNELL In spite of what I hear of her, I must see her at once. Let her be sent for.

CHASUBLE (*looking off*) She approaches; she is nigh.

Enter Miss Prism hurriedly.

MISS PRISM I was told you expected me in the vestry, dear Canon. I have been waiting for you there for an hour and three-quarters.

Catches sight of Lady Bracknell, who has fixed her with a stony glare. Miss Prism grows pale and quails. She looks anxiously round as if desirous to escape.

LADY BRACKNELL (*in a severe, judicial voice*) Prism! (*Miss Prism bows her head in shame.*) Come here, Prism! (*Miss Prism approaches in a humble manner.*) Prism! Where is that baby?

General consternation. The Canon starts back in horror. Algernon and Jack pretend to be anxious to shield Cecily and Gwendolen from hearing the details of a terrible public scandal.

Twenty-eight years ago, Prism, you left Lord Bracknell's house, Number 104, Upper Grosvenor Street, in charge of a perambulator that contained a baby of the male sex. You never returned. A few weeks later, through the elaborate investigations of the Metropolitan police, the perambulator was discovered at midnight, standing by itself in a remote corner of Bayswater. It contained the manuscript of a three-volume novel of more than usually revolting sentimentality.

Miss Prism starts in involuntary indignation.

But the baby was not there!

Every one looks at Miss Prism.

Prism! Where is that baby?

A pause.

JACK (*intervenendo*) Miss Prism, Lady Bracknell, è da tre anni la stimata governante e l'insostituibile istitutrice della signorina Cardew.

LADY BRACKNELL Malgrado quel che mi si dice di lei, debbo vederla subito. Mandatela a chiamare.

CHASUBLE (*guardando fuori*) Giusto lei; ella s'appressa.

(*Entra Miss Prism di fretta.*)

MISS PRISM Mi è stato detto che mi stava aspettando in canonica, reverendo Chasuble. Io l'ho aspettata per un'ora e tre quarti.

(*Si accorge di Lady Bracknell, che l'ha fissata con uno sguardo impietrito. Miss Prism impallidisce e arretra. Si guarda attorno con aria agitata, come desiderosa di fuggire.*)

LADY BRACKNELL (*con voce severa, imperiosa*) Prism!

(*Miss Prism china la testa, vergognosa.*)

Prism! Dov'è il bambino?

(*Costernazione generale. Il reverendo indietreggia inorridito. Algernon e Jack sembrano preoccuparsi di proteggere Cecily e Gwendolen dall'udire i dettagli di un terribile scandalo pubblico.*)

Ventotto anni or sono, Prism, lei usciva dalla casa di Lord Bracknell, al numero 104 di Upper Grosvenor Street, assieme a una carrozzella contenente un infante di sesso maschile. E non ha più fatto ritorno. Qualche settimana dopo, grazie alle accurate indagini della polizia metropolitana, la carrozzella venne ritrovata a mezzanotte, tutta sola, in un remoto angolo di Bayswater. Conteneva il manoscritto di un romanzo in tre volumi, d'inconsueto e rivoltante sentimentalismo.

(*Miss Prism ha un sobbalzo d'involontaria indignazione.*)

Ma il bambino non c'era più.

(*Tutti guardano Miss Prism.*)

Prism! Dov'è quel bambino?

(*Una pausa.*)

MISS PRISM Lady Bracknell, I admit with shame that I do not know. I only wish I did. The plain facts of the case are these. On the morning of the day you mention, a day that is for ever branded on my memory, I prepared as usual to take the baby out in its perambulator. I had also with me a somewhat old, but capacious hand-bag in which I had intended to place the manuscript of a work of fiction that I had written during my few unoccupied hours. In a moment of mental abstraction, for which I never can forgive myself, I deposited the manuscript in the basinette, and placed the baby in the hand-bag.

JACK (*who has been listening attentively*) But where did you deposit the hand-bag?

MISS PRISM Do not ask me, Mr Worthing.

JACK Miss Prism, this is a matter of no small importance to me. I insist on knowing where you deposited the hand-bag that contained that infant.

MISS PRISM I left it in the cloakroom of one of the larger railway stations in London.

JACK What railway station?

MISS PRISM (*quite crushed*) Victoria. The Brighton line.

Sinks into a chair.

JACK I must retire to my room for a moment. Gwendolen, wait here for me.

GWENDOLEN If you are not too long, I will wait here for you all my life.

Exit Jack in great excitement.

CHASUBLE What do you think this means, Lady Bracknell?

LADY BRACKNELL I dare not even suspect, Dr Chasuble. I need hardly tell you that in families of high position strange

MISS PRISM Lady Bracknell, devo ammettere con mia vergogna che non lo so. Vorrei saperlo anch'io. I fatti sono i seguenti. La mattina del giorno che lei ha ricordato, un giorno per sempre inciso nella mia memoria, io m'ero disposta come sempre a portare a spasso il bambino nella sua carrozzella. Avevo con me anche una borsa, non nuovissima ma molto capace, nella quale era mia intenzione riporre il manoscritto di un'opera di narrativa, da me scritta durante le mie poche ore libere. In un momento di astrazione mentale, per il quale non cesserò mai di tormentarmi, io deposi il manoscritto nel veicolo infantile e il bambino nella borsa di cuoio.

JACK (*che ha ascoltato con molta attenzione*) E dove ha depositato quella borsa?

MISS PRISM Non me lo chieda, signor Worthing.

JACK Miss Prism, la cosa è di non poca importanza per me. Insisto per sapere dove ha depositato la borsa che conteneva quel bambino.

MISS PRISM L'ho lasciata al deposito bagagli di una delle principali stazioni ferroviarie di Londra.

JACK E questa stazione?...

MISS PRISM (*cedendo di schianto*) Vittoria. Linea di Brighton.

(*Cade su una sedia.*)

JACK Devo ritirarmi in camera mia per qualche istante. Gwendolen, aspettami qui.

GWENDOLEN Se non ci metti troppo tempo, ti aspetterò per tutta la vita.

(*Jack esce in grande agitazione.*)

CHASUBLE Che cosa significa tutto questo, Lady Bracknell?

LADY BRACKNELL Non oso neppure sospettarlo, reverendo Chasuble. Non c'è bisogno che le dica che nelle famiglie d'alta posizione sociale strane coincidenze non

coincidences are not supposed to occur. They are hardly considered the thing.

Noises are heard overhead as if some one was throwing trunks about. Every one looks up.

CECILY Uncle Jack seems strangely agitated.

CHASUBLE Your guardian has a very emotional nature.

LADY BRACKNELL This noise is extremely unpleasant. It sounds as if he was having an argument. I dislike arguments of any kind. They are always vulgar, and often convincing.

CHASUBLE (*looking up*) It has stopped now.

The noise is redoubled.

LADY BRACKNELL I wish he would arrive at some conclusion.

GWENDOLEN This suspense is terrible. I hope it will last.

Enter Jack with a hand-bag of black leather in his hand.

JACK (*rushing over to Miss Prism*) Is this the hand-bag, Miss Prism? Examine it carefully before you speak. The happiness of more than one life depends on your answer.

MISS PRISM (*calmly*) It seems to be mine. Yes, here is the injury it received through the upsetting of a Gower Street omnibus in younger and happier days. Here is the stain on the lining caused by the explosion of a temperance beverage, an incident that occurred at Leamington. And here, on the lock, are my initials. I had forgotten that in an extravagant mood I had had them placed there. The bag is undoubtedly mine. I am delighted to have it so unexpectedly restored to me. It has been a great inconvenience being without it all these years.

JACK (*in a pathetic voice*) Miss Prism, more is restored to you than this hand-bag. I was the baby you placed in it.

dovrebbero mai verificarsi. Non è cosa giudicata opportuna.

(*Si odono rumori dal piano di sopra, come se qualcuno stesse buttando in giro dei bauli. Tutti guardano verso l'alto.*)

CECILY Lo zio Jack è stranamente agitato.

CHASUBLE Il tuo tutore ha un carattere molto emotivo.

LADY BRACKNELL Questo rumore è alquanto fastidioso. Pare quasi che egli stia litigando con qualcuno. Io odio litigi e discussioni. Sono sempre volgari, e spesso convincenti.

CHASUBLE (*guardando su*) Ecco che ha finito.

(*Il fracasso raddoppia.*)

LADY BRACKNELL Vorrei che arrivasse a una qualche conclusione.

GWENDOLEN Questa attesa è terribile. Spero che duri a lungo.

(*Entra Jack, recando una borsa di cuoio nero.*)

JACK (*precipitandosi da Miss Prism*) È questa la borsa, Miss Prism? La esamini accuratamente prima di parlare. La felicità di più di una vita dipende dalla sua risposta.

MISS PRISM (*con calma*) Sembra la mia. Sì, questa è la botta subita nel ribaltamento di un autobus in Gower Street, in tempi più giovani e felici. Questa è la macchia nella fodera, causata dallo scoppio di una bevanda analcoolica; un incidente che ebbe luogo a Leamington. E queste, sulla chiusura, sono le mie iniziali. M'ero dimenticata d'averle fatte incidere, in un momento di folle stravaganza. Questa borsa è indubbiamente la mia. Sono felice che così improvvisamente mi venga restituita. Ne ho sentita profondamente la mancanza, in tutti questi anni.

JACK (*con tono patetico*) Miss Prism, quel che le viene restituito è molto di più che questa borsa. Quel bambino ero io.

MISS PRISM (*amazed*) You?

JACK (*embracing her*). Yes . . . mother!

MISS PRISM (*recoiling in indignant astonishment*) Mr Worthing! I am unmarried!

JACK Unmarried! I do not deny that is a serious blow. But after all, who has the right to cast a stone against one who has suffered? Cannot repentance wipe out an act of folly? Why should there be one law for men, and another for women? Mother, I forgive you.

Tries to embrace her again.

MISS PRISM (*still more indignant*) Mr Worthing, there is some error. (*Pointing to Lady Bracknell.*) There is the lady who can tell you who you really are.

JACK (*after a pause*) Lady Bracknell, I hate to seem inquisitive, but would you kindly inform me who I am?

LADY BRACKNELL I am afraid that the news I have to give you will not altogether please you You are the son of my poor sister, Mrs Moncrieff, and consequently Algernon's elder brother.

JACK Algy's elder brother! Then I have a brother after all. I knew I had a brother! I always said I had a brother! Cecily, – how could you have ever doubted that I had a brother? (*Seizes hold of Algernon.*) Dr Chasuble, my unfortunate brother. Miss Prism, my unfortunate brother. Gwendolen, my unfortunate brother. Algy, you young scoundrel, you will have to treat me with more respect in the future. You have never behaved to me like a brother in all your life.

ALGERNON Well, not till to-day, old boy, I admit. I did my best, however, though I was out of practice.

Shakes hands.

MISS PRISM (*stupefatta*) Lei?

JACK (*abbracciandola*) Sì,... mamma!

MISS PRISM (*indietreggiando con attonita indignazione*) Signor Worthing, io sono nubile.

JACK Nubile?! Non posso negare che questo sia un duro colpo. Ma dopo tutto, chi può scagliare la prima pietra contro chi ha tanto sofferto? Non può il pentimento cancellare un momento di debolezza? Perché dev'esserci una legge per gli uomini e un'altra per le donne? Mamma, ti perdono.

(*Fa di nuovo per abbracciarla.*)

MISS PRISM (*sempre più indignata*) Signor Worthing, qui c'è un errore.

(*Indicando Lady Bracknell.*)

Ecco colei che può dirle davvero chi è.

JACK (*dopo una pausa*) Lady Bracknell, odio apparire indiscreto, ma le dispiacerebbe dirmi chi sono io?

LADY BRACKNELL Temo che la notizia che sto per darle non le riuscirà per nulla gradita. Lei è il figlio della mia povera sorella, maritata Moncrieff, e conseguentemente il fratello maggiore di Algernon.

JACK Il fratello maggiore di Algernon! Allora è vero che ho un fratello. Lo sapevo che avevo un fratello! L'ho sempre detto di avere un fratello! Cecily, come hai potuto dubitare che io avessi un fratello?

(*Afferra Algernon.*)

Reverendo Chasuble, quel disgraziato di mio fratello. Miss Prism, quel disgraziato di mio fratello. Gwendolen, quel disgraziato di mio fratello. Algy, giovane scellerato, d'ora in avanti dovrai trattarmi con molto più rispetto. Non ti sei mai comportato con me come un fratello in tutta la tua vita.

ALGERNON Beh, oggi sì, amico mio, devi ammetterlo. E ho fatto del mio meglio, anche se forse non ho molta pratica.

(*Si stringono la mano.*)

GWENDOLEN (*to Jack*) My own! But what own are you? What is your Christian name, now that you have become some one else?

JACK Good heavens!... I had quite forgotten that point. Your decision on the subject of my name is irrevocable, I suppose?

GWENDOLEN I never change, except in my affections.

CECILY What a noble nature you have, Gwendolen!

JACK Then the question had better be cleared up at once. Aunt Augusta, a moment. At the time when Miss Prism left me in the hand-bag, had I been christened already?

LADY BRACKNELL Every luxury that money could buy, including christening, had been lavished on you by your fond and doting parents.

JACK Then I was christened! That is settled. Now, what name was I given? Let me know the worst.

LADY BRACKNELL Being the eldest son you were naturally christened after your father.

JACK (*irritably*) Yes, but what was my father's Christian name?

LADY BRACKNELL (*meditatively*) I cannot at the present moment recall what the General's Christian name was. But I have no doubt he had one. He was eccentric, I admit. But only in later years. And that was the result of the Indian climate, and marriage, and indigestion, and other things of that kind.

JACK Algy! Can't you recollect what our father's Christian name was?

ALGERNON My dear boy, we were never even on speaking terms. He died before I was a year old.

JACK His name would appear in the Army Lists of the period, I suppose, Aunt Augusta?

GWENDOLEN (*a Jack*) Amore mio! Ma amore mio che cosa? Come ti chiami, adesso che sei diventato un altro?

JACK Dio del cielo!... M'ero completamente dimenticato questo punto. La tua decisione in merito al mio nome è irrevocabile, suppongo.

GWENDOLEN Io non cambio mai, eccetto che negli affetti.

CECILY Quanta nobiltà d'animo in te, Gwendolen!

JACK La questione è meglio chiarirla subito. Zia Augusta, un momento. Quando Miss Prism mi abbandonò in quella borsa, io ero già stato battezzato?

LADY BRACKNELL Tutto ciò che i soldi possono procurare, battesimo incluso, era stato sparso a piene mani su di te dai tuoi affezionati e generosi genitori.

JACK Quindi sono stato battezzato! Questo è fuori discussione. E adesso: che nome mi è stato dato? Sono preparato al peggio.

LADY BRACKNELL In qualità di primogenito sei stato battezzato naturalmente con il nome di tuo padre.

JACK (*con irritazione*) Sì, ma come si chiamava mio padre?

LADY BRACKNELL (*riflettendo*) In questo momento non riesco a ricordarmi quale fosse il nome di battesimo del Generale. Che ne avesse uno, ne sono sicura. Era un eccentrico, lo ammetto, ma solo in età avanzata. A causa forse delle condizioni climatiche in India, del matrimonio, della cattiva digestione, e di altre cose del genere.

JACK Algy! Non riesci a ricordarti come si chiamasse nostro padre?

ALGERNON Amico mio, non siamo neanche mai arrivati a parlarci. Lui è morto prima che io compissi l'anno.

JACK Il suo nome dovrebbe comunque figurare negli Annuari dell'Esercito di quel periodo, non è vero, zia Augusta?

LADY BRACKNELL The General was essentially a man of peace, except in his domestic life. But I have no doubt his name would appear in any military directory.

JACK The Army Lists of the last forty years are here. These delightful records should have been my constant study. (*Rushes to bookcase and tears the books out.*) M. Generals... Mallam, Maxbohm, Magley, what ghastly names they have —Markby, Migsby, Mobbs, Moncrieff! Lieutenant 1840, Captain, Lieutenant-Colonel, Colonel, General 1869, Christian names, Ernest John. (*Puts book very quietly down and speaks quite calmly.*) I always told you, Gwendolen, my name was Ernest, didn't I? Well, it is Ernest after all. I mean it naturally is Ernest.

LADY BRACKNELL Yes, I remember now that the General was called Ernest. I knew I had some particular reason for disliking the name.

GWENDOLEN Ernest! My own Ernest! I felt from the first that you could have no other name!

JACK Gwendolen, it is a terrible thing for a man to find out suddenly that all his life he has been speaking nothing but the truth. Can you forgive me?

GWENDOLEN I can. For I feel that you are sure to change.

JACK My own one!

CHASUBLE (*to Miss Prism*) Laetitia!

Embraces her.

MISS PRISM (*enthusiastically*) Frederick! At last!

ALGERNON Cecily! (*Embraces her.*) At last!

LADY BRACKNELL Il Generale era essenzialmente un uomo di pace, per lo meno al di fuori delle pareti domestiche. Ma sono certa che il suo nome figura in tutti gli elenchi militari.

JACK Gli Annuari dell'Esercito degli ultimi quarant'anni sono tutti qui. Deliziosi volumi che avrebbero dovuto essere oggetto del mio costante studio.

(*Si precipita alla libreria e comincia a strappar fuori libri.*)

M. Generali... Mallam, Maxbohm, Magley... che nomi orrendi!... Markby, Misgby, Mobbs, Moncrieff! Tenente nel 1840, poi Capitano, Tenente Colonnello, Colonnello, Generale nel 1869, nome di battesimo, Ernest John.

(*Mette giù il libro con molta calma e parla con tutta serenità.*)

Non ti ho sempre detto, Gwendolen, che mi chiamo Ernest? Beh, e infatti mi chiamo Ernest. Voglio dire: che naturalmente mi chiamo Ernest.

LADY BRACKNELL Sì, ricordo ora che il Generale lo chiamavamo Ernest. Lo sapevo che c'era un qualche motivo per cui quel nome proprio non mi piace.

GWENDOLEN Ernest! Mio Ernest! L'ho sempre saputo che non potevi avere nessun altro nome!

JACK Gwendolen, è terribile per un uomo scoprire che per tutta la vita non ha detto altro che la verità. Potrai mai perdonarmi?

GWENDOLEN Ti perdono. Perché sento che cambierai certamente.

JACK Amore mio!

CHASUBLE (*a Miss Prism*) Laetitia!

(*La abbraccia.*)

MISS PRISM (*con entusiasmo*) Frederick! Finalmente!

ALGERNON Cecily! (*La abbraccia.*) Finalmente!

JACK Gwendolen! (*Embraces her.*) At last!

LADY BRACKNELL My nephew, you seem to be displaying signs of triviality.

JACK On the contrary, Aunt Augusta, I've now realised for the first time in my life the vital Importance of Being Earnest.

Tableau

Curtain

09/02/90

JACK Gwendolen! (*La abbraccia.*) Finalmente!

LADY BRACKNELL Nipote mio, mi sembra che tu stia dando segni eccessivi di leggerezza.

JACK Al contrario, zia Augusta, mi sono reso conto ora, per la prima volta in vita mia, dell'essenziale Importanza di Essere un Serio Ernesto.

Tableau[1]

Sipario

[1] Il «tableau» è il gruppo che si componeva alla fine dello spettacolo, con tutti gli attori in posa, pronti per il fotografo, come ancor oggi nell'opera lirica.

SOMMARIO

Finito di stampare nel mese di dicembre 1989
dalla RCS Rizzoli Libri S.p.A. - Via A. Scarsellini, 17 - 20161 Milano

Printed in Italy

BUR
Periodico settimanale: 19 gennaio 1990
Direttore responsabile: Evaldo Violo
Registr. Trib. di Milano n. 68 del 1°-3-74
Spedizione abbonamento postale TR edit.
Aut. n. 51804 del 30-7-46 della Direzione PP.TT. di Milano

ANNOTAZIONI

ANNOTAZIONI

ANNOTAZIONI

ANNOTAZIONI

ANNOTAZIONI

ANNOTAZIONI

ANNOTAZIONI

ANNOTAZIONI

ANNOTAZIONI

ANNOTAZIONI